Andrea Reidt

Glücksorte
in Mittelhessen

Fahr hin und werd glücklich

Droste Verlag

Für die Freundinnen und Freunde der
Heidbergkapelle Sickendorf, die sich den
Hessischen Denkmalschutzpreis 2019 verdient haben.

Dieses Buch gehört

....

....

Liebe Glücksuchende,

was ist Glück? Mich zum Beispiel erfüllt es mit tiefem Glück, durch meine mittelhessische Heimat zu flanieren und schöne Fotomotive aufzuspüren.

Mittelhessen – der Gürtel, der Hessens Taille umschließt, reicht von Limburg im Westen bis Lauterbach im Osten. Die „Region Mittelhessen" fristete lange Zeit als künstliches Gebilde im öffentlichen Bewusstsein ein Aschenputteldasein. Man war im Lahntal zu Hause, im Lahn-Dill-Bergland, im Vogelsberg, in den Universitätsstädten Marburg oder Gießen, in den Domstädten Limburg oder Wetzlar, in den Landstädtchen Dillenburg, Herborn, Weilburg, Braunfels, Biedenkopf, Gladenbach, Laubach, Lich, Grünberg, Alsfeld oder Lauterbach. Allenfalls fühlte man sich als Hinterländer oder Oberhesse. Inzwischen jedoch hat die Bevölkerung in den fünf Landkreisen die nützliche Identität eines gemeinsamen Wirtschaftsraums angenommen. Der Tourismus blüht, dank trutziger Burgen, feiner Schlösser, ausgedehnter Wälder, malerischer Altstädte, gepflegter Dorfkirchen, reicher Museumsschätze, herrlicher Seen und 182 Naturschutzgebieten. Kurz: Mittelhessen ist eine Glücksregion!

Ihre Andrea Reidt

Deine Glücksorte ...

... noch mehr Glück für dich

Gegen den Strom

Auf der alten Brücke in Runkel

Schade, dass der Brückenturm der alten Lahnbrücke in Runkel schon vor 200 Jahren abgerissen wurde – anders als der noch vorhandene Limburger Brückentorturm, der zweitälteste in Deutschland. Jedoch bietet die 1448 errichtete, teils original erhaltene Brücke auch so genügend Unterhaltung. Lange kann man dort stehen, die gewaltige Höhenburgruine auf einem senkrecht abstürzenden Felsen über sich, die je nach Wetterlage tosend oder ruhig fließende Lahn unter sich. Der Blick nach unten wird umso mehr angezogen, als da häufig richtig viel los ist. Unter einem der vier Brückenbögen verläuft ein 90 Meter langes Wehr bis zur Schleuseninsel, auf dem im Sommer bei flachem Wasser Menschen balancieren, andere mühsam ihr Schlauch- oder Paddelboot hochziehen, um dann gegen den Strom ans andere Ufer zu paddeln.

Auf der Altstadtseite der Lahn befindet sich die denkmalgeschützte Kammerschleuse von 1841, die von der Lahnmündung aus gezählte dreizehnte Schleuse. Sie ist 34 Meter lang, den Schleusenkanal durchpaddelt man auf mehr als 100 Metern. Die Runkeler Vorgängerschleuse von 1808 war die Erste überhaupt an der Lahn. Man versuchte damals, die Lahn mit Durchlässen an den alten Wehren schiffbar zu machen, was zunächst von der Mündung bei Lahnstein bis Runkel gelang, dort war Endstation, das Wehr unpassierbar, deshalb baute man die Schleuse.

TIPP Durch Runkel führen sowohl der Lahntalradweg als auch der Lahnwanderweg.

Das Schleusenwärterhaus ist jetzt ein Wohnhaus, die Schleuse müssen die Schifffahrer per Hand selbst bedienen.

Die 1159 erstmals erwähnte Runkeler Verteidigungsburg wurde während des Dreißigjährigen Kriegs zerstört und nicht wieder aufgebaut, sie gilt als eine der eindrucksvollsten Burgruinen Deutschlands mit Bergfried, Palas, Wehrtürmen, Mantelmauern, Folterkammer, einer Keltererpresse und skurrilen gemauerten Sprechrohren. Von der Aussichtsplattform des Turmes aus hat man einen wundervollen Blick auf Brücke, Altstadt und das gegenüberliegende Schloss Schadeck. Die restaurierte Unterburg wird teilweise noch von der fürstlichen Familie zu Wied bewohnt.

🔴 Alte Brücke Runkel, zwischen Burgstraße und Leinpfad, 65594 Runkel
www.runkel-lahn.de
🔴 ÖPNV: RB bis Bahnhof Runkel

Im Ausnahmezustand

2 *Das internationale Schlitzerländer Trachtenfest*

In Mittelhessen gibt es reizende Fachwerkstädte, lauschige Dörfer, kulturelle Hotspots. Und es gibt Schlitz. Die Burgenstadt zwischen Vogelsberg, Knüll und Rhön scheut keinen Vergleich und ist doch einmalig – 10.000 Einwohner, 17 Stadtteile, riesig in der Fläche, im Krieg unzerstört, danach menschlich aufgemischt mit mehr als zweitausend Flüchtlingen und Evakuierten. Die Schlitzer Destillerie ist eine der ältesten Kornbrennereien in Deutschland (seit 1585). Selbstbewusst blickt man auf eine bedeutende Leineweber-Vergangenheit zurück, hat aber laut hessischer Denkmaltopografie historisch „keinen hervorragenden Stellenwert im überregionalen Straßennetz". So ist es geblieben.

Schlitz liegt an einer stillgelegten Bahntrasse 23 Kilometer südlich vom Kirchheimer Autobahndreieck und ragt als Vogelsberger Exklave in den Landkreis Fulda hinein. Hier endet der Vulkanradweg. Es gibt kein Gymnasium mehr. Abgehängt aber ist Schlitz nicht, auch nicht mental. Denn hier „trifft sich die Welt bei Freunden", so der Slogan des alle zwei Jahre mit gewaltigem Pomp begangenen viertägigen Musik- und Folklorefestivals Schlitzerländer Trachtenfest, ein internationales Event, und das ist wörtlich zu verstehen. Da reisen Tanz- und Musikgruppen von allen Kontinenten sternförmig nach Schlitz, gehüllt in bunte und exotische Trachten. Einer Invasion gleich überfluten Menschen aus Brasilien, Mexiko, Zypern, Sri Lanka, den USA, Rumänien, sogar von der Pazifikinsel Hawaii die gepflasterten Gassen von Schlitz und werden als Gäste in den Häusern empfangen.

TIPP *Im Advent leuchtet der mit rotem Leinen verkleidete Hinterturm als größte Weihnachtskerze der Welt.*

Schlitz im Ausnahmezustand mit Bühnen, Buden, Bands, Paraden, Partys, Fanfaren und Feuerwehr. Die Reigen der Verschwisterungen driften auf den sonntäglichen Höhepunkt zu, taumeln in den Festumzug, an dem etwa 80 Gruppen zu Fuß, mit von Pferden, Ochsen und sogar Ziegen gezogenen, motivisch aufgehübschten Karren und Kutschen durch Städtchen traben. Beim Trachtenfest haben sich auswärtige Schlitzer zum Familientreffen, Klassenfest, Heimatbesuch einzustellen.

> Heimat- und Trachtenfest-Verein Schlitzerland e. V., Rathaus, An der Kirche 4, 36110 Schlitz
> www.schlitzer-trachtenfest.de
> ÖPNV: Von Lauterbach Bus 393, von Fulda Bus 591, Haltestelle Herrngartenstraße, Schlitz

„Sommer, der als Duft zittert"

③ *Der alte Herrngarten in Rabenau-Londorf*

„Wir verbrachten einen Abend und einen Nachtanbruch in ‚Großvaters Garten', im alten Londorfer Pavillon", notiert Rainer Maria Rilke 1905 nach einem Tagesausflug an die Lumda. Großvaters Garten – damit ist der um 1820 angelegte Herrngarten in Londorf gemeint, heute ein öffentlicher Park, in dem alte und exotische Bäume gedeihen – Blutbuche, Mammutbaum, ein Tulpenbaum, dessen becherförmige weiß-rötliche Blüten im Mai ein ergreifendes Naturschauspiel abgeben. Immer wieder beschwor der Dichter die glücklichen Tage herauf, die er an Lahn und Lumda verbrachte, in diversen Gedichten und zahlreichen Briefen an seine Freunde. „… daß ich fast die Augen nicht schließen kann, ohne daß auf der Liderinnenseite ein Stück Londorf entsteht, eine Ecke des alten Gartens: der Steintisch, der Springbrunnen …" Fast alles noch da. Die Sonnenuhr, die Rilke von dem etwas erhöht liegenden Pavillon aus sehen konnte, wurde vor einigen Jahren neu errichtet. Auch der Springbrunnen plätschert noch, heute allerdings eingezäunt, damit herumtollende Kinder nicht hineinfallen. Es ist ein glücklicher Umstand, dass es der Besitzerfamilie Schwerin und der Stadt Rabenau als Pächter gelang, die großzügige Struktur und die geruhsame Stimmung des Herrngartens als bürgerlichen Burggarten zu erhalten. Besucher finden darin nicht nur verschlungene Wege, sondern auch eine Schankwirtschaft im früheren Gärtnerhaus, einen Biergarten, einen Bouleplatz und eine Minigolf-Anlage, an der so manches Kind glückliche Geburtstagsstunden mit Wettkampf und Kuchenschlacht verbringt.

TIPP
Im Herrngarten finden im Jahreswechsel Kunst im Park und ein Lichterfest statt.

Rilke und seine Frau, die Worpsweder Bildhauerin Clara Westhoff, waren 1905 bei Luise Gräfin von Schwerin auf Schloss Friedelhausen zu Gast. Ein „Sommer, der als Duft zittert". So schön, dass Rilke im folgenden Jahr zurückkehrte. „Es liegt eine altmodische Decke von Duft über den Astern und Levkojen", schwärmte er in einem Brief an Clara. Die Liebe zu Friedelhausen, Londorf und Appenborn begleitete den Dichter bis zu seinem frühen Leukämietod im Jahr 1926.

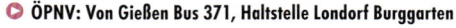

Herrngarten, Eingang Gießener Straße 22, 35466 Rabenau-Londorf
www.gemeinde-rabenau.de
ÖPNV: Von Gießen Bus 371, Haltstelle Londorf Burggarten

12

Maria, von Rosen umrankt

4 *Das Westportal der Marburger Elisabethkirche*

Das Glück beginnt vor der Tür. Einen Moment innehalten, bevor man die älteste rein gotische Hallenkirche östlich des Rheins betritt, eine der bedeutendsten Wallfahrtskirchen des Abendlandes. Bevor man den Goldenen Elisabethschrein bewundert. Bevor man sich von der Erhabenheit des Gotteshauses und der dramatischen Heiligengeschichte einfangen lässt, betrachte man das edle Westportal der Elisabethkirche (von 1270) etwas genauer.

Die restaurierten roten Eichenholztüren tragen merkwürdig geformte Eisenbeschläge. Es handelt sich um Efeu, welches das Kreuz des Deutschordens und das Wappen des Hochmeisters nachzeichnet. Auch der Giebel des Portals ist efeuumrankt. Efeu ist bekanntlich eine winterharte Pflanze, ein Symbol für Treue, Beständigkeit, Unsterblichkeit, deshalb häufig als ewiges Grün auf Friedhöfen zu finden. Das Tympanon selbst ist quasi überwuchert mit blühenden Rosen und Weinlaub, weshalb man im Volksmund gelegentlich vom Rosenportal spricht und eine Anspielung auf das Rosenwunder der Heiligen Elisabeth vermutet. Der Legende nach soll sich das Brot, das Elisabeth vom Schlossberg zu den Armen hinabtrug, in Rosen verwandelt haben, als ihr unbarmherziger Ehemann sie auf diesem Spaziergang erwischte. Solche Geschichten sind schön und halten sich lange, weil meist ein Körnchen Wahrheit darin steckt.

TIPP Die Gebeine der Heiligen Elisabeth sind verschwunden, der goldene Schrein ist leer.

Abgesehen davon, dass Elisabeth bereits verwitwet war, als sie dem fanatischen Ketzerrichter und Prediger Konrad nach Marburg folgte, stimmt daran, dass die ungarische Königstochter ungewöhnlich mildtätig war und sich für Arme und Kranke aufopferte.

Die Rosen am Kirchenportal symbolisieren Marienverehrung, und folgerichtig schwebt die Muttergottes mit Kind als Kirchenpatronin unter einem Baldachin, flankiert von zwei Engeln. An den Kapitellen der Pfeiler unterhalb des Giebels hängen Eichenblätter. Zu Füßen der seitlichen Bögen hocken hässliche, tierhafte Fabelwesen, deren Aufgabe es ist, böse, teuflische Einflüsse fernzuhalten.

Elisabethkirche, Elisabethstraße 3, 35037 Marburg
www.elisabethkirche.de
ÖPNV: Diverse Busse, Haltestelle Elisabethkirche; vom Hbf. 700 Meter Fußweg

Tarzan schwingt, Jane rodelt

5 *Erlebnisberg Hoherodskopf bei Schotten*

Er ist zwar mit 764 Höhenmetern nur die zweithöchste Erhebung des Vogelsbergs – den Gipfeltitel läuft ihm der 773 Meter hohe Taufstein ab –, dafür die an Freizeitangeboten reichste Kuppe des Naturparks. Viele Wege führen auf den Hoherodskopf: zu Fuß über den Herchenhainer Höhenweg; mit dem Fahrrad auf dem Vulkanradweg zwischen Altenstadt-Höchst an der Nidder und Schlitz; per Bus auf den Linien des Vulkanexpress; per Auto natürlich auch, wobei der Parkplatz an den Wochenenden überfüllt sein kann.

Das ganzjährig geöffnete Informations-Zentrum Hoherodskopf beherbergt eine Touristenauskunft, bietet aber weit mehr als ein paar Wanderkarten. Als Gemeinschaftsprojekt des Geoparks, des Naturparks und des Naturschutzgroßprojektes Vogelsberg entstand dort eine interaktive Ausstellung über Geologie und Botanik, Fließgewässer und Quellen, Wald und Hochmoor, Bergmähwiesen und Artenvielfalt sowie Naherholung. Dort können geführte Wanderungen, Nordic-Walking-Touren, Kutsch- und Schlittenfahrten, Seminare und Feste gebucht werden.

TIPP Alles rund um Vulkanismus klärt das Erlebnismuseum Vulkaneum in Schotten, auch experimentell. www.vulkaneum.com

Der gesamte Hotspot Hoherodskopf steht unter dem Motto „Abenteuer und Freizeit". Zum Beispiel können sich alle zweibeinigen Besucher, die noch oder schon laufen können, über 50 Meter lange Hängebrücken durch den 600 Meter langen Baumkronenpfad tasten, das gibt es in Europa nur einmal. Eine Aussichtsplattform bietet spektakuläre Ausblicke über die Landschaft, an klaren Tagen bis zur Frankfurter Skyline. Kletterhasen trainieren sich derweil auf den hohen Baumsteigen des Kletterwaldes Kondition an, Wagemutige schwingen sich wie Tarzan durch die Lüfte. An weiteren Attraktionen wären Minigolf, Sinnenpark und die bei Groß und Klein beliebte Sommerrodelbahn aufzuzählen. Den abenteuerlichen Kulminationspunkt schließlich erreichen Cross-Country-Freaks, die sich im Kokopelli Mountain Bike College anmelden, um dann Kraft und Geschicklichkeit auf Trails quer durch den Vogelsberger Oberwald auszutesten.

● Informations-Zentrum Hoherodskopf, Am Hoherodskopf, 63679 Schotten
www.erlebnisberg-hoherodskopf.de
● Vogelsberger Vulkan-Express und Anruf-Linien-Taxi ALT 60, Haltestelle Hoherodskopf

Wilhelm der Schweiger

6 *Der Dillenburger Wilhelmsturm*

So ein krönendes Wahrzeichen besitzt nicht jedes Städtchen, und man sollte es sich deshalb nicht entgehen lassen, obwohl der Aufstieg schweißtreibend ist. Wer es glücklich geschafft hat, die vielfach gewundenen Serpentinen hinauf zum Wilhelmsturm über den Dächern Dillenburgs zu überwinden, schnuppert zur Belohnung nicht nur frische, sondern königliche Höhenluft. Denn Dillenburg ist die Wiege des niederländischen Königshauses. Man fragt sich zunächst allerdings, warum die ehrbaren Stadtväter noch 1872 zu einer Zeit, als Burgen längst nicht mehr der Verteidigung dienten, ein derart wuchtiges Gemäuer auf den Schlossberg setzten. Die Antwort lautet: aus Verehrung für Wilhelm I., Fürst von Oranien, genannt der Schweiger. Der 41 Meter hohe bergfriedähnliche Turm ruht auf einem zinnenbewehrten Riesensockel, er ist mit Eck-Wichtürmchen ausgestattet, daneben strebt ein runder Treppenturm in den Himmel. Oben gewinnt man einen herrlichen Ausblick auf die Höhen des Westerwaldes.

Wilhelm von Nassau-Dillenburg wurde 1533 auf der Burg geboren, beerbte 1544 seinen kinderlosen Vetter René von Chalon und wurde über Nacht zu einem der reichsten Hochadligen Europas am Hof Kaiser Karls V. in Brüssel. 1567 floh er vor den Truppen des spanischen Nachfolgers Philipp II. zurück nach Dillenburg. Von dort aus leitete er das Befreiungsheer im Unabhängigkeitskrieg gegen Spanien. Die Biografie dieses niederländischen Nationalhelden liest sich ziemlich abenteuerlich, er wechselte mehrmals die Religion, hatte 17 Kinder von fünf Frauen und wurde von katholischen Fanatikern ermordet. Mehr über Wilhelm erfährt man im Oranien-nassauischen Museum im Inneren des Turms. Von Nassau an der Lahn über Diez, Braunfels, Dillenburg führt die Oranier-Route 2500 Kilometer quer durch Deutschland nach Amsterdam und zurück nach Nassau, Gebiete durchquerend, die mit dem Haus Nassau-Oranien verbunden sind. Die Oranier-Fahrradroute leitet Biker auf 400 Kilometern vorrangig durch Hessen von Nassau bis Bad Arolsen.

TIPP Das Museum Villa Grün beleuchtet die vielseitige Wirtschaftsgeschichte des Dillgebiets.

● Oranien-nassauisches Museum im Wilhelmsturm, 35683 Dillenburg
www.museumsverein-dillenburg.de
● ÖPNV: RB bis Bahnhof Dillenburg

SAEVIS TRANQUILLUS IN UNDIS

Radler im Paradies

 7 *Der alte Kirchgarten in Lahntal-Caldern*

Das Paradies liegt in Caldern. Der alte Kirchgarten erhielt seinen Namen, weil der Vorhof mittelalterlicher Kirchen einst eine Erholungszone mit Brunnen und Schatten spendenden Bäumen war. Die spätromanische Nikolaikirche mit dem eindrucksvollen Wehrturm überragt das gemütliche Fachwerkdorf Caldern, von hier aus blickt man weit über das Obere Lahntal. Im Paradies stoßen Brautpaare auf ihr Eheglück an, hier erfreuen Gospelsänger und andere Musiker ihr Publikum, hier halten Marburger Professoren Vorträge in der Reihe „Theologie im Paradies". Die Gemeinde der Caldener Pfarrkirche zeigt sich gastfreundlich und aktiv: Das Gotteshaus ist als Offene Kirche zwischen Ostern und Erntedank täglich bis 19 Uhr für jeden zugänglich und Teil der überregionalen Aktion Radwegekirche. In der Nähe befindet sich ein Rastplatz für Radler.

Die Geschichte der vor gut 1200 Jahren erstmals als Calantra in Urkunden des Klosters Fulda erwähnte Siedlung kann sich mit der historischen Prominenz der Marburger Elisabethkirche messen. Landgräfin Sophie von Brabant, Tochter der Heiligen Elisabeth, schenkte 1250 dem Orden der Zisterzienserinnen die Nikolaikapelle für die Errichtung eines neuen Klosters. Caldern hatte im Mittelalter Marktrechte und war Gerichtsstätte. Die Abtei bestand nur bis 1527, als der Reformations-Landgraf Philipp der Großmütige die Gebäude seiner neuen Marburger Universität überließ und 41 Nonnen ausziehen mussten, offenbar bekamen sie eine Abfindung dafür. Diese Frauen stammten aus wohlhabenden regionalen Adels- und Bürgerfamilien und brachten dem Kloster eine Mitgift ein.

TIPP Direkt am Fluss in Lahntal-Brungershausen befindet sich der idyllische Campingplatz Auenland.

Caldern liegt sowohl am vom Allgemeinen Deutschen Fahrrad-Club ADFC mit vier Qualitätssternen ausgezeichneten Lahntalradweg (246 Kilometer) als auch am Lahnwanderweg, einem Prädikats-Fernwanderweg (295 Kilometer). Die einstige Caldener Klostermühle in repräsentativen Gebäuden blieb als Getreidemühle mit Bäckerei erhalten; am Deutschen Mühlentag kann man sie besichtigen.

○ **Kirchgarten Nikolaikirche, Klosterbergstraße 21, 35094 Lahntal-Caldern**
www.nikolaikirche-caldern.de
○ **ÖPNV: Kurhessenbahn bis Bahnhof Caldern**

Gemalte Geschichte

8 *Die Alte Universität in Marburg*

Das massige neugotische Gebäude, das den Marburger Rudolphsplatz fast schon in furchterregender Weise überragt, ist die „Alte" Universität. Der Name ist ein wenig verwirrend. Landgraf Philipp der Großmütige war ein aufgeschlossener Mann, Luther-Anhänger und Humanist. In diesem Geiste gründete er die erste protestantische Universität, vertrieb die Dominikaner aus ihrem Kloster und stellte das Gebäude Professoren und Studenten zur Verfügung – das war 1527. Die jetzige „Alte" Universität wurde auf den Fundamenten des Klosters errichtet, das 1873 abgebrochen worden war. Inzwischen residiert der Fachbereich Evangelische Theologie in dem dunklen Gemäuer. Man kann problemlos in die kreuzgangähnliche Wandelhalle spazieren, an deren Wänden biografische Skizzen historischer Persönlichkeiten zu sehen sind. Das beglückende Highlight einer solchen Begehung aber wäre die Aula, vermutlich abgeschlossen. Deshalb: Unbedingt eine Veranstaltung besuchen oder an einer Führung teilnehmen, es lohnt sich!

Die Decken, Wandmalereien und das geschnitzte Professorengestühl der Aula stammen aus der Bauzeit. Für diesen Saal schuf der Düsseldorfer Maler Peter Janssen 1903 sieben monumentale Gemälde mit Szenen aus der Marburger Geschichte. Der Zyklus beginnt mit dem Bild „Die Heilige Elisabeth und ihr geistlicher Zuchtmeister Konrad von Marburg". Die erste Fassung des Bildes verletzte die Gefühle der Senatskommission, denn es zeigt Konrad, der sich einen Geißelstrick vom Gürtel reißt, um die demütige Elisabeth zu schlagen. So drastisch hatten es sich die Auftraggeber nicht vorgestellt. Der Strick musste weg, die Wutgeste blieb, nun allerdings unverständlich für die Betrachter.

Weitere Bilder zeigen zum Beispiel Sophie von Brabant, die Tochter der Heiligen Elisabeth, mit Sohn Heinrich I. von Hessen, auch eine Szene des berühmten Marburger Religionsgespräches. Das erschütterndste Gemälde der Sammlung bildet den Auszug der klagenden Dominikaner aus ihrem Kloster zugunsten der Universität ab.

TIPP In der Reitgasse lockt das Traditionscafé Vetter zu leckerem Kuchen und Weitblick über die Stadt.

○ Alte Universität, Lahntor 3, 35037 Marburg
www.uni-marburg.de
○ ÖPNV: Diverse Busse, Haltestelle Rudolphsplatz, Fußweg über Mühltreppe

Häuser, Holzköpfe & Handel

9 *In der Limburg Altstadt*

„Da hup di Welt wider an zu leben unde frolich zu sîn." Der mittel-hochdeutsche Spruch steht auf einem Stein unterhalb der kleinen Treppe zwischen Rütsche und Fahrgasse, direkt neben der modernen Bronze-plastik Tanz des Mainzer Künstlers Karlheinz Oswald, die nicht so sehr ausgelassene Tanzvergnügen, sondern den Veitstanz von Epileptikern darstellt. Das Chronik-Zitat bezieht sich auf die 1351 überstandene erste Pestwelle, die ein Drittel der Limburger Bevölkerung hinwegraffte. Dies wirkte sich ungünstig, aber noch nicht verheerend auf das Wirtschafts-leben der Handelsstadt aus, die nach Vollendung der steinernen Bogen-brücke über die Lahn (1341) und erst recht nach der Verleihung des kö-niglichen Zollrechts (1357) eine Blüte erlebte. Drei weitere Pestplagen noch im 14. Jahrhundert und spätere Seuchen reduzierten die Bevölke-rung erheblich und begründeten den wirtschaftlichen Niedergang Lim-burgs.

Ein Spaziergang über das Kopfsteinpflaster der unter Ensembleschutz stehenden Altstadt verleitet dazu, alle paar Meter stehen zu bleiben, um holzgeschnitzte Figuren an reich verzierten Fachwerkhäu-sern und Steinskulpturen an Brunnen zu betrachten. Sie-ben Holzköpfe zieren das Haus der sieben Laster in der Brückengasse, sie verkörpern Hoffahrt, Geiz, Neid, Un-keuschheit, Unmäßigkeit, Zorn, Trägheit. Die Ecke Fahr-gasse-Löhrstraße ist die engste Stelle der alten Fernhandelsstraße von Brüssel nach Prag. Rütsche Nummer 5 ist das älteste Gebäude der Alt-stadt, 1274 als Steinernes Haus erwähnt. Am Hang der ansteigenden Gasse Römer klebt ein imposanter gotischer Bau: Nummer 2–4–6 soll das älteste frei stehende Fachwerkhaus Deutschlands sein; einige Dach-sparren wurden auf 1289 datiert. Die Plötze, ein umtriebiger Platz mit dem Hattstein-Brunnen des Bildhauers Karl Matthäus Winter (1985), im Volksmund Säuferbrunnen, ist eine Art Basisstation mit vielen Fach-werkhäusern und Lokalen für jeden Geldbeutel. Winter schuf auch die steinerne Nepomuk-Figur auf der alten Lahnbrücke.

TIPP Schlemmen im ältes-ten Café der Stadt: Café Will, Salzgasse 23. www.cafe-will.de

○ 65549 Limburg an der Lahn, www.limburg.de
○ ÖPNV: RB bis Bahnhof Limburg

Schwerer Bulle, kalbende Kühe

 ## Die Tierschau beim Lauterbacher Prämienmarkt

Wie nennt man den kastrierten Ziegenbock – Mönch, Abt oder Ochse? Wie viel Milch braucht man für ein Stück Butter – 2, 5, 8 oder 10 Liter? Wie viele Zähne hat ein Kaninchen – 16, 24 oder 28? Bei der Beantwortung solcher Fragen kommen selbst Erwachsene ins Schleudern, dabei richten sie sich an Fünft- bis Neuntklässler. Das beliebte Quiz veranstaltet der Verein für landwirtschaftliche Fortbildung Lauterbach zur Tierschau des größten oberhessischen Volksfestes Lauterbacher Prämienmarkt. „Die Kinder sollen erleben, dass die Kuh nicht lila ist, das Pferd kein Wiederkäuer und das Schaf Wolle liefert", sagt VLF-Vorsitzende Evelyn Etling.

Beim seit 1684 traditionellen Viehmarkt am Festmittwoch auf dem hinteren Teil der Bleiche wechseln längst keine Zuchttiere mehr die Besitzer. Die Aussteller führen ihre herausgeputzten Pferde, Rinder, Schafe, Ziegen, Kaninchen, Hühner, Enten, Tauben und Wachteln vor und kassieren Beurteilungen durch Fachjurys, deren Formulierungen auch landwirtschaftliche Laien erfreuen. Da ist vom „feinen, trockenen Fundament"

TIPP Kalt gepresstes Rapsöl aus eigener Produktion gibt es in Lauterbach-Rimlos. www.rapsoel-presse.de

einer 13-jährigen Fleckviehkuh die Rede, die zehnmal gekalbt hat – Beifall! Vor dem Pferch des Schätzbullen beratschlagen derweil erfahrene Landwirte über das mögliche Gewicht des furchterregend massigen Maestro PP, die Tipps reichen von 800 bis 1100 Kilo – das Endergebnis von 777 Kilogramm liegt darunter.

Wenn Karl-Heinz „Karli" Becker aus Kirtorf-Lehrbach und Frau Elke, Letztere im Trachtenkleid, mit ihrem nachgezüchteten Roten Höhenvieh die Schauwiese betreten, werden Fotoapparate gezückt. Der engagierte Mundart-Kabarettist und Bewahrer alter Bauernkultur züchtet das ausgestorbene kleinwüchsige Vogelsberger Rind hobbyweise nach und betreibt eine Kuhschule für Tier und Mensch. Das Rind lernt, sich Geschirr anlegen und stressfrei führen zu lassen, der Mensch erfährt, wie man eine Kuh richtig geleitet. Karli erfand für sein Dorf einen Almabtrieb analog den Allgäuer Traditionen, eine Riesengaudi im September.

▶ Lauterbacher Prämienmarkt, Samstag vor bis Sonntag nach Fronleichnam, Festplatz Bleiche, 36341 Lauterbach (Hessen), www.lauterbach-hessen.de
▶ ÖPNV: RB bis Bahnhof Lauterbach

Steinerne Schönheit in Rosarot

 Der Lahnmarmor in Villmar

Radelt man auf dem Lahntalradweg von Weilburg kommend in die Villmarer Schleife, gelangt man unter eine dreibogige Brücke, ein Technisches Denkmal aus Lahnmarmor. Ganz hübsch, aber nicht spektakulär? Überquert man die Brücke und den Bahnübergang, taucht man in eine faszinierende Phase der Erdgeschichte ein! Jenseits der Lahn gelangt man in ein Wäldchen, in dem sich das Nationale Geotop Unica-Bruch befindet. Dem staunenden Auge eröffnet sich ein heißes Farbspektrum. Von dunkelrot über rosa bis violett geäderte Wände erheben sich meterhoch, es sind in Stein gebrannte Muster mit Resten von Korallen, Muscheln, Schnecken aus dem Devon-Meer. Bedenkt man, dass dieser Riffkalkstein vor 380 Millionen Jahren, lange vor Adam und Eva, entstanden ist, kann einem schon schwindlig werden. Man beginnt zu ahnen, warum die steinerne Schönheit um 1600 als poliertes Material für prächtigste Denkmäler und wertvollste Sakralkunst entdeckt wurde.

Ursprünglich wurde der Kalkstein zum Mauern und Kalkbrennen benutzt, etwa bei der Errichtung des Limburger Doms. Damals erlebte offenbar niemand die Farbtiefe des Materials als Glück bringend. Altäre, Taufbecken, Säulen und Grabplatten in Kirchen und Kathedralen bestanden aus Sandstein und Tuff. Das änderte sich. Nun statteten nassauische Fürsten ihre Barockschlösser mit dem rötlichen Stein aus. Kurfürsten in Trier, Mainz, der Pfalz und Bistümer ließen sich über Rhein, Mosel und Main damit beliefern. In Schupbach und Diez an der Lahn barg man dagegen schwarzen Marmor. Auch daraus schufen Steinmetze im Kontrast mit weißen Alabasterfiguren prächtige Sarkophage, Grabplatten und Passionsaltäre.

Im 19. Jahrhundert vertrieben industrielle Betriebe den Lahnmarmor in alle Welt – sogar das Innere des Empire State Buildings in New York wurde damit ausgestaltet. Die mehr als 400-jährige Abbaugeschichte mit rund hundert Steinbrüchen an der Lahn endete 1989 mit der letzten Bergung aus dem Villmarer Bongardbruch, Ende einer Glücksgeschichte.

TIPP Über Geologie und den Siegeszug des berühmten Steins informiert das Lahn-Marmor-Museum. www.lahn-marmor-museum.de

Lahnmarmor, Nationales Geotop Unica-Bruch, Oberau, 65606 Villmar
ÖPNV: Lahntalbahn bis Bahnhof Villmar

Summer in the City

 In der Universitätsstadt Gießen

Gießen wurde im Krieg total zerstört und in den Jahrzehnten danach mit allerhand Bausünden überzogen. Ein halbes Jahrhundert später kommt man aus dem Staunen nicht heraus. Denn Gießen hat sich zu einer bei jungen Leuten ausgesprochen beliebten Stadt gemausert, mit 30.000 Bürgern unter 30 Jahren von insgesamt 88.000 Einwohnern. An der nach ihrem berühmtesten Professor, dem Chemiker Justus Liebig, benannten Universität und an der Technischen Hochschule Mittelhessen studieren 37.000 junge Männer und Frauen, damit weist Gießen die höchste Studierendendichte in Deutschland auf.

Gießen punktet als grüne Stadt mit hohem Freizeitwert, spätestens seit zur Landesgartenschau 2014 die Lahnufer, der Stadtpark Wieseckaue und die Wege zwischen den vielen Kleingärten erheblich aufgewertet wurden. In der City liegt als grüne Lunge der älteste botanische Universitätsgarten Europas. Größer und älter ist das 1530 angelegte Parkdenkmal Alter Friedhof an der Licher Straße mit zahlreichen historischen Grabstätten. Am Klinkelschen Wehr in der Bootshausstraße kann man durch das Lahn-Fenster Fische beobachten, die flussaufwärts zum Laichen über eine Fischtreppe wandern.

TIPP *Im historischen Hörsaal des Liebig-Museums finden Experimentalvorlesungen für Besucher statt.*

Fragt man nun noch einen Studenten, was denn in Gießen richtig glücklich macht, bekommt man unsortiert eine erstaunliche Liste von Highlights präsentiert. Der Schwanenteich im Stadtpark Wieseckaue. Der Christoph-Riebsamen-Steg für Fußgänger und Radfahrer, über den man zu den lauschigen Buchten an der Lahn gelangt. Die Eisdiele Heißzeit in der Plockstraße. Die politische Nachttanzdemo. Das Tuesday-Night-Skaten von Mai bis August. Die nahen Silberseen in Launsbach und Heuchelheim. Das Café Schwätzer & Söhne in der Johanette-Lein-Gasse. Die Bar- und Kneipenszene, nicht nur in der Ludwigstraße. Der für Studierende kostenlose Besuch des Stadttheaters Gießen. Die Vorlesungen im Kinopolis. Die Stadtbäckerei im Döner-Dreieck Asterweg/Walltorstraße … Also? Auf nach Gießen!

○ 35390 Gießen, www.giessen-entdecken.de
○ ÖPNV: RB bis Bahnhof Gießen

Charlotte & Johann Wolfgang

 ## Im Museum Lottehaus in Wetzlar

Ist es nicht herzig? Das Gemälde *Brotschneidende Lotte* hängt gleich rechts im Flur hinter dem Eingang des Lottehauses. Es stellt die erste Begegnung von Werther und Lotte in Goethes 1774 erschienenem Briefroman *Die Leiden des jungen Werther* dar. „Sie hielt ein schwarzes Brot und schnitt ihren Kleinen rings herum jedem sein Stück nach Proportion ihres Alters und Appetits ab …" Ohne Zweifel hatte der Rechtspraktikant und angehende Schriftsteller Johann Wolfgang bei der Arbeit an seinem Bestseller die reale Charlotte Sophie Henriette Buff vor Augen. Die 19-Jährige lebte im Verwaltergebäude des Deutschen Ordens und kümmerte sich anstelle der Mutter, die nach der Geburt des 16. Kindes (!) gestorben war, um die Geschwister.

Das Museum Lottehaus in einem bescheidenen Fachwerkbau ist weder prächtig ausgestattet noch reich an Exponaten. Gerade darin besteht sein Reiz – es lebt von der Vorstellungskraft und vom Einfühlungsvermögen der Besucher. Wie konnte es den Buffs gelingen, trotz drangvoller Enge im ersten Stock ein „Staatszimmer" zu erhalten, in dem man Gäste empfing und gemeinsam Hausmusik machte? Betritt man die hinter einer Tapetentür verborgene Kammer neben diesem Wohnraum, empfindet man die missliche Lage der ewig stillenden, später erkrankten Mutter Buff nach, die von hier aus das fröhliche Treiben beobachtete, ohne selbst daran teilzuhaben. Auch der schwer verliebte 22-jährige Goethe ging in diesem gemütlichen Haus ein und aus. Zeit hatte er. Am Reichskammergericht überarbeitete er sich nicht gerade, nebenbei schrieb er noch Gedichte, Essays, Übersetzungen und Briefe, besuchte Bälle und die feuchtfröhliche Rittertafel im Gasthaus zum Kronprinzen am Domplatz.

TIPP Das Jerusalemhaus am Schillerplatz ist ein thematisches Zwillingsmuseum des Lottehauses.

Zum Glück für die Literaturgeschichte wurde Goethe enttäuscht: Charlotte war verlobt und heiratete 1773 den Legationssekretär Johann Christian Kestner, mit dem sie nach Hannover zog und selbst zwölf Kinder bekam. Goethe bekämpfte seinen Liebeskummer mit einer Lahnwanderung – und schrieb sich die Geschichte von der Seele.

○ Museum Lottehaus, Lottestraße 8–10, 35578 Wetzlar
www.wetzlar.de
○ ÖPNV: Bus 17, 18, Haltestelle Goldfischteich; Bus 14, Haltestelle Leitzplatz, Fußweg durch die Altstadt

Alte Trassen, neues Biken

 Auf dem Vulkanradweg zu Schloss Eisenbach

Heute hätte man sie gern wieder, die Oberwaldbahn zwischen Stockheim und Lauterbach, ebenso die Vogelsberger Südbahn von Wächtersbach nach Hartmannshain. Wie leicht könnte man mit Fahrrad, Skiern, Boards und Skates aus den Rhein-Main-Kinzig-Wetter-Lahn-Gebieten autofrei zum Hoherodskopf und Taufstein gelangen. Dafür ist es zu spät – für einen schönen Ausflug allerdings nicht.

Als die Schienenschneise Ende des 19. Jahrhunderts durchs bergige Vulkangebiet geschlagen wurde, kam dies der Geburt einer Lebensader gleich. Lieferungen von Holz, Butter, Schuhen konnten im großen Stil verschickt werden, so mancher ländliche Wirtschaftszweig profitierte enorm davon. Die Menschen kamen aus ihren Dörfern raus, pendelten zur Schule und in Betriebe, unternahmen Vereins-, Volkshochschul- und Familienausflüge, belieferten Märkte in größeren Städten, besuchten das Stadttheater Gießen und die Shopping-Zeil in Frankfurt. In den 1970er- und 1980er-Jahren ließ die Bahn die Gleise abbauen. Bis zur Jahrtausendwende lag die Trasse brach, dann wurde der 94 Kilometer lange Vulkanradweg von Stockheim bis Schlitz als Teil des hessischen Bahn-Radwegs eingeweiht. Zeitgleich nahmen an Wochenenden sechs Buslinien des Vulkan-Express mit Radanhängern den Betrieb auf.

TIPP Natur und Kunst-Laden in Lauterbach-Reuters: skandinavisches Geschirr, Schmuck, Filzwolle, Kränze.

Es macht Riesenspaß, mit dem Bus zum höchsten Etappenpunkt in Hartmannshain zu fahren und dann kilometerweit hinabzusausen, sich den Wind um die Nase wehen zu lassen und tief die Vogelsberger Höhenluft einzusaugen. Bei maximal drei Prozent Steigung geht es selbst bergan zügig voran, auch für Familien mit jüngeren Kindern. Auf asphaltierten Wegen rollt man durch Felder und Wiesen, wahlweise westlich nach Stockheim oder östlich bis Schlitz. Etwa auf der Hälfte der Ost-Tour liegt Schloss Eisenbach am Vulkanradweg, eine lohnende Einkehr. Erst stapft man auf grobem Pflaster am Riedesel-Stammsitz umher und betrachtet das alte Gemäuer, dann sucht man sich auf der Terrasse des Burg-Cafés ein lauschiges Plätzchen, herrlich!

● Vulkanradweg mit Schloss Eisenbach und Gasthaus-Café Burg-Post, 36341 Lauterbach
www.vulkanradweg.de
● ÖPNV: Vogelsberger Vulkan-Express, Haltestelle Frischborn Schloss Eisenbach

Bienenweiden & Insektenhotels

 Lebenstürme und Blühfelder in und bei Lahntal

Diesen Holzturm entdecken wir bei einer Spazierfahrt am Rande einer blühenden Wiese im Lahntal-Dorf Goßfelden. Eine Art Glücksturm, denn er bietet Bienen, Hummeln, Vögeln, Eidechsen, Fledermäusen und anderem Kleingetier Unterschlupf und Nistplatz – und er macht auch die Menschen froh. Es gibt Leute, die werfen Samenbomben auf Verkehrsinseln, legen Samenstreifen am Wegesrand aus – und opfern ganze Wochenenden, um solche Lebenstürme zu bauen. Warum tun sie das? Ganz einfach: Gutes zu tun macht glücklich. Bienen und Hummeln zu retten gibt ein gutes Gefühl, vor allem in Anbetracht dramatischer Nachrichten. Denn dass Bienen und Wildbienen, die Wild- und Kulturpflanzen bestäuben, für die Nahrungskette des Menschen und für das Ökosystem unverzichtbar sind, hat sich mittlerweile herumgesprochen. Ist der Raps erst mal verblüht, verhungern Bienen. Mehr als die Hälfte der 560 Wildbienenarten in Deutschland sind gefährdet oder vom Aussterben bedroht. Ohne Bienen kein Obst, kein Honig.

Um dagegen etwas zu tun, treffen sich im Frühling etwa 150 Lahntaler, um ihre Lebenstürme für Kernbach, Caldern, Sterzhausen und Goßfelden zu bestücken. Da wird geschraubt und gehämmert, Schnittgut und Schilfstängel werden gebündelt, Löcher in Hartholzblöcke gebohrt und Lehm verarbeitet. Grundschul- und Kitakinder verteilen Blumensamen, die man in Gärten und Grünanlagen aussäen kann.

TIPP *Im Vogelsberg sieht man im Herbst gelbe Blütenfelder: Senf als Zwischenfrucht.*

Nachdem wir uns den Lebensturm näher angesehen haben, radeln wir gemächlich durch die sattgelben Getreidefelder des Marburger Landes. Hier und auch im Lahn-Dill-Bergland springen uns immer wieder violett-bläuliche Blütenteppiche ins Auge. Blumen mit stark behaarten Blättern bedecken große Flächen und verwandeln die Landschaft in einen farbenfrohen Flickenteppich. Büschelschön ist ein Wasserblattgewächs, mit dem Landwirte ihre saisonal stillgelegten Flächen als Zwischenfrucht begrünen. Auch diese Blumenfelder dienen als Bienenweiden, ernähren unzählige Insekten – und sind ein erfreulicher Anblick.

◐ Lebenstürme in Goßfelden, Kernbach, Sterzhausen, Caldern, 35094 Lahntal
www.lahntal.de
◐ ÖPNV: RB bis Bahnhof Goßfelden, Sterzhausen und Caldern

Alter Forsthof ganz groß

16 *Im Dorfmuseum von Wetter-Oberrosphe*

Mittelhessens größtes kulturhistorisches Museum mit Tausenden von Alltagsgegenständen aus der Dorfgeschichte wird ausschließlich von Ehrenamtlichen betreut. Hans Bertram ist einer von ihnen. Der Museumsgründer ist ein wandelndes Lexikon, unterhaltsam macht er uns mit einer verschwundenen ländlichen Lebenskultur vertraut.

Der Alte Forsthof im ältesten Dorf des Burgwaldes wurde 1610 gebaut, als Landgraf Moritz von Hessen-Kassel in Oberrosphe die Stelle eines Reitenden Försters und Oberförsters einrichtete. Der Nachfolgebau von 1750 mit massiven Eichenbalken und historischen Wandmalereien beherbergt seit 1990 das Dorfmuseum. Dessen Räume sind mit typischen Lebensstationen früherer Zeiten ausgestattet: Küche, Lebensmittellager, Wohnzimmer, Schlafräume, Kirche, Schule, Geburt, Tod, Krieg. Außerdem gibt es ein Café und einen Gewölbekeller für Veranstaltungen. Das Fachwerkhaus Nr. 13 nebenan stand nicht immer an dieser Stelle. 1997 mietete der Heimat- und Verschönerungsverein den größten Kran Deutschlands, der das 49 Tonnen schwere Haus von 1723 um 180 Meter an diese Stelle versetzte. Das „fliegende Haus" beherbergt

TIPP Im Alten Forsthaus gibt es unterm Dach zwei große Heuböden zum Übernachten.

unter anderem den Arbeitsraum einer Trachtennäherin und eine Spinn- und Webstube zur Flachsverarbeitung. Im Museumsstall steht der Nachbau eines kunstvoll gepackten gigantischen Hochzeitswagens. Einst saß die Braut oben auf ihrem Hausrat und wurde töpfeklappernd ins eheliche Heim gefahren. Landwirtschaftliche Fahrzeuge aller Art kann man in der großen Feldscheune bewundern, außerdem Werkstätten typischer dörflicher Berufe. Vom Joch bis zum Kummet reicht die vermutlich umfangreichste Sammlung von Anspanngeschirren in Hessen. Und erst die Maschinenhalle! Acht Dreschmaschinen, ein Mähdrescher, ein Kartoffeldämpfer, zwölf Schlepper, zwei Bandsägen und mehrere Hundert Kleingeräte lagern hier. Eine Attraktion ist das bis 1940 einzige zugelassene Hundegespann im Altkreis Marburg, mit dem der Wilde Hannes einst drei Schäferhunde für die Feldarbeit einsetzte.

● Dorfmuseum Alter Forsthof, Im Rosphetal 8, 35083 Wetter-Oberrosphe
www.dorfmuseum-oberrosphe.de
● ÖPNV: RB bis Bahnhof Wetter, dann Bus 61, Haltestelle Oberrosphe/Zum Wolfshain

Umkämpftes Idyll

 17 *Ausflug ins Kloster Arnsburg bei Lich*

In Lebensgröße wacht der Heilige Bernhard in der Außennische des barocken Sandsteinportals, durch das wir gleich Kloster Arnsburg betreten werden. Im rechten Arm hält der auch von Reformatoren bewunderte Kirchenlehrer Bernhard von Clairvaux (1090–1153) den Abtsstab, in der linken Hand die Bibel. Er ist barhäuptig und in Mönchskutte, ein Hinweis auf seine Bescheidenheit. Kuno von Münzenberg hatte im Jahr 1174 Zisterzienser aus dem Rheingau im idyllischen Tal des Flüsschens Wetter angesiedelt. Heute ist Kloster Arnsburg – im Besitz der Grafen zu Solms-Laubach – der kleinste Stadtteil von Lich mit knapp 100 Einwohnern. Wer Entschleunigung sucht, ist hier richtig.

Die Wetter umarmt das 15 Hektar große Territorium in weitem Bogen, der Mühlbach fließt hindurch. Rundherum erstrecken sich Wälder. Die Zisterzienser suchten sich grundsätzlich abgelegene Landstriche, die man erst urbar machen musste. Im Hochmittelalter war Kloster Arnsburg die bedeutendste und reichste Abtei der Wetterau. Bis zu 200 Mönche und Laienbrüder lebten hier von Landwirtschaft, verwalteten Grundeigentum in 253 Orten, beaufsichtigten Klosterhöfe in zehn Städten, sechs kleinere Klöster und sieben Kirchen. Spaziert man um die 1600 Meter lange, fast vollständig erhaltene Mauer herum, geht durch die Höfe und betrachtet die teils bewohnten Gebäude aus sieben Stilrichtungen, kommt man zur Ruhe. Es gibt ein Restaurant und einen großen schattigen Biergarten.

TIPP *Im Mönchssaal und im Dormitorium finden Konzerte statt, in der Paradies-Kapelle kann man heiraten.*

Am eindrucksvollsten aber ist die Ruine der 1246 geweihten dreischiffigen Basilika aus Lungstein, vor allem das ehemalige südliche Seitenschiff lässt uns verstummen – ist es der Wind, oder wehen aus fernen Zeiten gregorianische Gesänge durch die geschwärzten Bögen? Die Klosterkirche war nach der Säkularisierung 1812 zum Abbruch freigegeben worden, eine der neben Pest, Plünderung, Krieg, Vertreibung, Zerstörung vielen Katastrophen, denen die Mönche im Verlauf von 700 Jahren ausgesetzt waren. Lang ist es her, ihr segensreiches Wirken jedoch erspürt man noch.

> ● **Kloster Arnsburg, 35423 Lich-Arnsburg**
> **www.kloster-arnsburg.de**
> ● **ÖPNV: RB bis Bahnhof Gießen-Lich, dann Anruf-Linien-Taxi ALT GI-63, Haltestelle Arnsburg Klosterwald**

Aschenputtels Schuh

 Am Grimm-Dich-Pfad in Marburg

Der rosafarbene Großschuh, der wie verloren am Hang unterhalb des Marburger Schlosses zwischen Weinreben liegt, ist eines der spektakulärsten Objekte des Grimm-Dich-Pfades. Der Fund lässt Kinderaugen aufleuchten und Erwachsene erleichtert durchatmen: geschafft! Dann wird erzählt, wie ging noch mal die Geschichte vom traurigen Mädchen, dem die Mutter gestorben ist, das die hartherzigen Stiefschwestern als Küchenmagd missbrauchen, das in der Asche neben dem Herd schlafen muss? „Rucke di guck, rucke di guck, Blut ist im Schuck, der Schuck ist zu klein, die rechte Braut sitzt noch daheim." Die Täubchen gurren die Botschaft dem Königssohn vom Haselbäumchen herab.

Das Wortspiel Grimm-Trimm hat seine Berechtigung. Ist man hier oben in der gepflasterten Landgraf-Ludwig-Straße angekommen, hat man die historische Oberstadt mit 109 Metern Höhengefälle bereits durchquert, im Glücksfall die meisten der 14 Stationen einer märchenhaften Schnitzeljagd erobert und in der Erinnerung an herrliche (Vor-)Lesestunden in der Kindheit geschwelgt. Was gibt es alles zu entdecken! An einer Mauer

TIPP Seit 1569 existiert das gemütliche Lokal Zur Sonne mit holzgetäfelter Gaststube am oberen Markt.

im Steinweg hängen die sieben Geißlein, hoch über der Wasserscheide des Dreiecks Neustadt/Renthof/Wettergasse hockt der Froschkönig, am Markt krallen sich die Fliegen des tapferen Schneiderleins an Hauswände, im Alten Botanischen Garten schwimmt der Butt vom *Fischer und syn Frau* – und zu guter Letzt wartet Aschenputtels Schuh auf die Finder.

Jacob und Wilhelm Grimm studierten drei Jahre in Marburg, wohnten in der Barfüßerstraße und der Wendelgasse und gehören zu den prominentesten Romantikern dieser Zeit in der Universitätsstadt. Ihre Kinder- und Hausmärchen, 1812 erschienen und bis heute Bestseller der Familienliteratur, sammelten sie überwiegend in Nordhessen. Für die Idee, quer durch die Stadt Marburg einen Grimm-Dich-Pfad anzulegen, an dem nicht nur die üblichen Infoschilder aufgestellt sind, sondern poppig gestaltete Großobjekte von Märchenmotiven, erhielt Marburg den Hessischen Tourismuspreis.

⊙ **Grimm-Dich-Pfad, Start am Teich im Alten Botanischen Garten (Der Fischer und syn Frau), Eingang Pilgrimstein, 35037 Marburg, www.marburg-tourismus.de**
⊙ **ÖPNV: Stadtbus 10, Haltestelle Markt**

Kinderspiele einer Prinzessin

19   *Im Puppenstuben-Museum von Laubach*

Vielen Besucherinnen des Puppenstuben-Museums von Laubach lacht das Herz im Leibe beim Betrachten von 80 historischen Puppenstuben, Puppenküchen und Kaufläden vom Biedermeier bis zum Jugendstil, mit 450 Puppen und 150 Tieren bestückt. Sie erinnern sich an verträumte Stunden mit ihren Lieblingspuppen. Auch Monika Gräfin zu Solms-Laubach (1929–2015) und ihre sechs Geschwister spielten einst mit Puppen und Zinnsoldaten. Monika pflegte ihre Leidenschaft für Spielwohnungen lebenslang. Die Gräfin heiratete 1981 den verwitweten Welfenchef Ernst August Prinz von Hannover, Herzog zu Braunschweig und Lüneburg. Erst in Hannover begann sie systematisch, historische Puppenstuben zu sammeln und einzurichten, ihre eigenen Spielsachen aus Schloss Laubach bildeten den Grundstock. 2010 kehrte die verwitwete Laubacherin in die alte Heimat zurück und brachte ihre Sammlung in ihre Prinzessin-von-Hannover-Stiftung ein. Das Puppenstuben-Museum wurde 2011 in einer alten Fachwerkscheune hinter dem Café Göbel eingeweiht und seitdem von mehr als 18.000 Menschen aufgesucht.

TIPP   Das Café Göbel serviert im Advent heiße Waffeln und zum Fest weihnachtlich dekorierte Kleintorten.

Dieser einmalige Schatz in der hessischen Museumslandschaft stellt jedoch mehr als einen Glückshort für einstige Puppenmütter dar. Es ist ein anspruchsvolles historisches Museum, das in edlen, mit Spots angeleuchteten Vitrinen einen Querschnitt bürgerlicher Wohnkultur zwischen 1820 und 1920 in Deutschland vorführt. Während der von wirtschaftlichem Aufschwung geprägten Gründerzeit zeigte das Bürgertum stolz seinen Wohlstand. Wohnstuben wurden in Plüsch und Samt gehüllt, Schlafstuben ihres dunklen Muffs entledigt und Küchen modernisiert. In den Zinnküchen funkelten die blank geputzten Pfannen und Töpfe an den Wänden und über dem Ofen. Eine der schönsten Puppenküchen des Museums ist die Blaue Küche, der letzte Schrei um 1890: Töpfe, Kellen, Siebe, Eimer – alles musste blau sein, bis zum weiß-blau gehäkelten Topflappen. Eigner Herd ist Goldes wert – das bürgerliche Lebensmotto jener Zeit.

● Puppenstuben-Museum Laubach, Friedrichstraße 4 a, 35321 Laubach
www.puppenstuben-museum.com
● ÖPNV: Vogelsbergbahn bis Bahnhof Grünberg, dann Bus GI-74,
Haltestelle Grünberg Diakoniezentrum

Sonne in Pfützen

 Peter Kurzecks Wege in Staufenberg

Seit Staufenberg mit einer Peter-Kurzeck-App eine innovative Form des Literaturtourismus ins Leben rief, wandeln nicht nur Kurzeck-Fans begeistert über Straßen und Plätze des unscheinbaren Städtchens bei Gießen. Mag einem der Ort völlig gleichgültig sein – so hört man doch konzentriert zu, was der Dichter über das Dorf seiner Kindheit erzählt. Man steht zum Beispiel vor der „roten Schule mit der hohen Tanne daneben" und hält lauschend den Atem an. Das rote Backsteingebäude ist eine von zwölf Stationen eines Rundwegs auf den Spuren des Schriftstellers Peter Kurzeck. Auf diesem versinkt die Welt um einen herum im sogartigen, rauschenden Redefluss dieses bedeutenden hessischen Erzählers, eingefangen in Audiobüchern, die ihm Verleger Klaus Sander glücklicherweise noch entlockte. Peter Kurzeck starb im Jahr 2013 auf dem Höhepunkt seines Schaffens und seiner Popularität, lange bevor sein Lebensprojekt vollendet war.

Dieser größenwahnsinnige und zugleich so bescheidene Mann wollte nichts weniger als „die Welt erzählen", ganz allein alles Vergangene vor dem Vergessen retten. Bei seinem Proust'schen Mammutvorhaben arbeitete er sich bedächtig und beharrlich wie eine Schnecke voran, holte in schlichter, hochpoetischer Sprache verflossene Erinnerungsbilder ans Tageslicht. Ein

TIPP Die Rote Schule auf dem Peter-Kurzeck-Platz ist heute Heimatmuseum.

paar Eindrücke – einsetzende Dämmerung, das Geräusch eines Abendzuges, schreiende Krähen, schmutziger Schnee unter schwarzen Kastanienbäumen – lassen ein Bild aufscheinen, auf dem „die Sonne in den Pfützen noch mal untergeht". All das sieht, hört und fühlt man plötzlich selbst, als wären unsere Augen bislang verschattet, die Ohren verstopft, die Sinne undurchdringlich gewesen.

Peter Kurzeck erlebte als Flüchtlingskind auf traumatische Weise den Verlust seiner sudetendeutschen Heimat, schlug im mittelhessischen Staufenberg an der Lahn neue Wurzeln. Seine außergewöhnliche, hochsinnliche Wahrnehmungs- und Erinnerungsfähigkeit befähigte ihn zum Erzählen – ihm zur Qual, uns zur Freude.

Peter Kurzecks Wege, 35460 Staufenberg
www.peter-kurzecks-wege.de
ÖPNV: Bus 371, Haltestelle Staufenberger Stadthalle, 15 Minuten Fußweg

Paddelglück auf der Lahn

 Der Weilburger Schiffstunnel

Der historische Weilburger Schiffstunnel unterquert den Bergrücken, an den sich die einstige Residenzstadt schmiegt, und bildet einen 195 Meter langen Kanal. Dadurch vermeiden Bootsfahrer eine schwer zu manövrierende Strecke in einer langbogigen Schleife und zwei Wehre. Im Sommer herrscht reger Betrieb auf und unter der Koppelschleuse – seltener Typ einer Doppelkammerschleuse mit drei Toren –, wodurch Kanufahrer, die den Tunnel verlassen, eine Höhendifferenz des Wasserspiegels von 4,65 Metern überwinden können. Große Tore öffnen und schließen sich, per Handkurbel von dem oder der Muskelstärksten der jeweiligen Paddelmannschaft angetrieben. Wasserschwälle fluten in den Zwischenraum, und sobald der Spiegel ausgeglichen ist, paddelt man unter der Frankfurter Straße hindurch zum nächsten Tor.

Der Weilburger Schiffstunnel, ein in Deutschland einmaliges Kulturdenkmal, begeistert mittlerweile nur noch Wasserwanderer, schafft ihnen den Zugang zur 36 Kilometer langen schönsten Etappe auf der gemächlich mäandernden Lahn mit teils erhaltenen mittelalterlichen Wehren.

TIPP *Motorfahrzeuge dürfen nur auf der Strecke Steeden-Lahnstein übers Wasser sausen.* Herzog Adolf von Nassau veranlasste 1847 den Bau des Tunnels aus wirtschaftlichen Gründen, damit Transportschiffe, die Holz aus den heimischen Wäldern, Eisenerze aus den Lahntaler Gruben, Kalk, Lahnmarmor und Basalt aus den Steinbrüchen, aber auch Wein und Korn geladen hatten, ungehindert zum Rhein vordringen konnten. Obwohl die Lahn schon lange keine Rolle mehr für die Binnenschifffahrt spielt – der letzte Frachter tuckerte 1981 den Fluss hinab –, behielt sie auf den 147 Kilometern vom Badenburger Wehr nördlich von Gießen bis Lahnstein den Status als Bundeswasserstraße. Noch, muss man sagen, denn darüber wird gelegentlich verhandelt. Solange das so bleibt, hält ein Baggerschiff die Fahrrinne auf 1,60 Metern Solltiefe. Die erste Schleuse der Lahn entstand 1808 in Runkel, heute sind noch 22 in Betrieb, manche werden zu festen Zeiten von einem Schleusenwärter bedient.

Weilburger Schiffstunnel, Einfahrt Ahäuser Weg, Ausfahrt Schleuse Weilstraße, 35781 Weilburg
www.weilburg.de
ÖPNV: RB bis Bahnhof Weilburg

Ausblicke & Einkehre

22 *Der Bückingsgarten in Marburg*

Einen der schönsten Ausblicke über Marburg, das Lahntal und die Lahnberge hat man vom Bückingsgarten aus, der sich an den unteren Teil der Schlossmauer schmiegt. Der Name dieses legendären Biergartens überstand trotz vielfältiger Besitzer und Pächter mehr als zwei Jahrhunderte. 1807 erwarb G. Dietrich Bücking die Terrasse der einstigen Ostbastion des Landgrafenschlosses. Landgraf Karl von Hessen hatte sie 1701 bauen lassen, französisches Militär sprengte sie 106 Jahre später. Bücking eröffnete in dieser exponierten Lage eine Schankwirtschaft, die sich zu einem der beliebtesten Traditionslokale und Rastplätze für Marburger, Studenten und Touristen entwickeln sollte.

Das 1485 erstmals urkundlich in einem Kaufvertrag erwähnte Anwesen verlor 2014 sein Torhaus, das bis auf die Grundmauern abbrannte. Das eigentliche Restaurant und den Biergarten verschonte das Feuer. Dort gibt es rustikales, deftiges Essen bei durchgehender Küche, nachmittags Kaffee und Kuchen. Seit 2010 wird die Gaststätte von der Vila-Vita-Gruppe betrieben, die in Marburg nicht nur das Congresscentrum baute,

TIPP Vom Bückingsgarten aus blickt man frontal auf den schiefen Turm der Lutherischen Pfarrkirche.

sondern mehrere brachliegende Traditionslokale wie zum Beispiel auch das Waldschlösschen in Marburg-Dagobertshausen zu neuem Leben erweckte. Auch die sommerliche Strandbar Aroma Lahn Beach am Lahnufer seitlich der Bahnhofsstraße gehört zu Vila Vita, ebenso Hofgut Dagobertshausen mit Hofladen, Pension und Erdbeerplantage zum Selbstpflücken sowie einiges mehr.

Wer gut zu Fuß ist und einen Schlossbesuch mit einem Abstecher im Bückingsgarten verbinden möchte, dem sei der Aufstieg von der Rittergasse oberhalb des Marktplatzes aus über die steile Landgraf-Philipp-Straße ans Herz gelegt, eine breite, autofreie Gasse, an der Radfahrer wegen der groben Pflastersteine keine Freude haben. Alternativ steigt man vom Lutherischen Kirchhof aus über die Ludwig-Bickell-Treppe hinauf, die im Eingang des Biergartens endet. Uff!

🔴 **Restaurant und Café Bückingsgarten, Landgraf-Philipp-Straße 6, 35037 Marburg**
www.bueckingsgarten-marburg.de
🔴 **ÖPNV: Stadtbus 10, Haltestelle Schloss**

Nicht ohne Water Closet!

 ### Hofgut Friedelhausen bei Lollar-Odenhausen

Dienstags und freitags parken viele Autos und Fahrräder oberhalb der schönen historischen Pflasterung des trapezförmigen Hofes von Gut Friedelhausen. Dann ist der Hofladen mit so frischen wie leckeren Erzeugnissen aus eigenem biologisch-dynamischen Landbau geöffnet. Es gibt Milchprodukte, Wurst und Fleisch, Gemüse und Kräuter, Kartoffeln und Getreide. Man findet aber auch Spielzeug und Bilderrahmen aus der Holzwerkstatt sowie Brot, Honig und Eier von Demeter- und Bioland-Zulieferern. Seit 1982 verpachtet die Eigentümerfamilie von Schwerin das Ensemble aus Gebäuden und Land an die sozialtherapeutische Hofgemeinschaft für heilende Arbeit. 85 behinderte und nicht behinderte Menschen leben hier in Wohngemeinschaften zusammen, mehr als hundert Personen fanden auf dem Hofgut Arbeit. Gut gelaunt und freundlich, manchmal strahlend begrüßen sie Kunden, Gäste oder Flaneure, die ihrerseits bewundernd vor den gepflegten, stilistisch „alt" erhaltenen Hofgebäuden stehen.

Der Ahn der Schwerins, Freiherr Adalbert von Nordeck zu Rabenau, war ein liberaler Geist. Gräfin Anna führt mich herum und erzählt:

TIPP *Auch im Nachbarort Ruttershausen unterhält die Hofgemeinschaft einen Dorfladen.*

Freiherr Adalbert hatte das Hofgut 1851 in verwahrlostem Zustand übernommen und kurz daran gedacht, mit seiner jungen Frau Clara Philipps im damals schon fast 300 Jahre alten Herrenhaus zu wohnen, bis Schloss Friedelhausen erbaut wäre. Das Renaissanceportal gefiel Clara wohl, dann jedoch entdeckte sie die Aborterker auf der Rückseite des wehrhaften Sandsteinbaus – ein mittelalterliches Plumpsklo, aus dem Exkremente an der Mauer entlang hinabfallen, und eine neuzeitliche Plumpskammer mit geschlossener Ableitung. Nein. Sie war Londoner Komfort mit Wasserklos gewohnt. Nicht mal die schönen Gewölbedecken und der mit klassizistischen Wandmalereien und bemalten Türen versehene Rittersaal versöhnten Clara mit einer derart rückständigen Behausung. Ihr Butler übrigens ergriff baldigst mit folgenden Worten die Flucht: „Rather to be hung in England than to live in this country as an honourable man!"

⊙ **Hofgut Friedelhausen, Friedelhausen 2, 35457 Lollar**
www.friedelhausen.de
⊙ **ÖPNV: RB bis Bahnhof Friedelhausen**

Paradies für Ente & Mensch

 24 *Die Mooser Teiche in Freiensteinau*

Segelparadies, Surf-Eldorado, Schwimmhimmel. Der Niedermooser See mit Liegewiese, Sandstrand, Tretbootverleih, Gastronomie, Bolz- und Spielplatz und sogar einer Camping-Kirche ist für viele Familien ein festes Glücksziel im Jahresverlauf, wo sie Wochenenden und Sommerferien verbringen. 450 Dauercamper und viele Kurzzeitgäste mit Zelten finden auf dem Campingplatz ihr Sommer-Castle. Seglern und Surfern gilt der See wegen der guten Windverhältnisse als Geheimtipp. Angler schätzen den Bestand an Hechten, Schleien, Forellen, Zandern und Aalen. Rund um den See gibt es einen Geocaching-Pfad; der Wanderweg Vulkanring verläuft am See vorbei; der Vulkanradweg schließt 3,5 Kilometer weiter nördlich an; der Kletterwald am Hoherodskopf ist 15 Kilometer entfernt.

Direkt am Seeparkplatz beginnt die Wanderstrecke *Drei-Seen-Tour Freiensteinau,* die durch den Rothenbach-Wald zum gleichnamigen Teich bei Bermutshain und um den Ober-Mooser Teich führt. Auf dessen Südseite befindet sich eine Hütte, die der Naturschutzbund Hessen zur Vogelbeobachtung errichtet hat. Ihm gehören drei der mit dem Reichloser Teich östlich von Gunzenau vier Mooser Gewässer mitten im Vogelsberg. Zum attraktiven „See" mit Freizeitwert wurde allerdings nur der Niedermooser See freigegeben. Die Teiche waren im 16. Jahrhundert von den Freiherren Riedesel zu Eisenbach für die Fischzucht der regionalen Adelsfamilien und der Fuldaer Kirchenmänner aufgestaut worden. Die drei Teiche ohne Freizeittrubel stehen unter Naturschutz, drei von sechs Schutzgebieten der Gemeinde Freiensteinau, zu der zwölf Dörfer gehören. Über hundert Vogelarten wurden an den Mooser Teichen schon gesichtet. Sie bieten durchreisenden Wasser- und Watvögeln Rastplätze und beste Brutbedingungen für Stockenten, Haubentaucher, Schwarzhalstaucher und viele weitere Arten. Wer sie beobachten möchte, bezieht am besten frühmorgens in den Monaten März, April, September, Oktober und November einen Posten.

TIPP Zu den größeren Badeseen in Hessen zählt der 65 Hektar große Niddastausee bei Schotten.

⊙ **Mooser Teiche, Campingplatz Niedermooser See, Am Camping 1, 36399 Freiensteinau-Niedermoos**
www.camp-erlebnis.de, www.freizeitpark-vulkan.de

Schauerlich schön

 Schloss Friedelhausen bei Lollar-Odenhausen

Was mag das für eine märchenhafte Erscheinung sein, ein gewaltiges Gebäude am Waldrand, dessen Zinnen, Gesimse und Türme in erhöhter Alleinlage sich an nebligen Tagen aus dem Dunst lösen? Träumt hier Dornröschen in hundertjährigem Schlummer? Zwischen Odenhausen und Sichertshausen erhebt sich oberhalb der sanft mäandernden Lahn ein englisches Tudorschloss des Historismus. Selbst nüchterne Denkmalschützer geraten ins Schwärmen und sprechen von seiner hochromantischen Ausstrahlung, und sie denken dabei nicht an den berühmten Gast Rainer Maria Rilke, der sich hier mehrfach samt Familie erholte.

Das „Haus", wie Adalbert Freiherr von Nordeck zu Rabenau sein herrschaftliches Anwesen nannte, ließ der Bauherr zwischen 1852 und 1856 aus dem seltenen und besonders harten Londorfer Lungstein errichten, einem Vogelsberger Basalt hellgrau-rötlicher Färbung, der hundert Jahre später auch zur Restaurierung des Kölner Doms verwendet wurde. Auf den Ecken des Schlossdaches ragen achteckige Türme in den Himmel, ein Altan gibt der Hauptfassade ein markantes Profil, und in die spitzbogigen Traufgesimse sind türkisfarbene Zwillingsfenster eingepasst (im Urzustand waren sie rot). Die Fassade ist nun bald ganz schwarz – bedingt durch 170 Jahre Nachfärbung mit Bahndampf und Partikeln der Lollarer Hütte –, was den fremdartigen Charakter des Schlosses am Waldrand verstärkt.

Freiherr Adalbert war liberaler Reichstagsabgeordneter, ein Vorfahre der jetzigen Besitzer Christoph und Anna Grafen von Schwerin. In der Frankfurter Paulskirche lernte er die Korrespondentin der Londoner Times Clara Philipps kennen. Das Paar heiratete und baute ein Schloss, in dem Clara sich heimisch fühlen sollte. Heute noch wird es privat bewohnt. Besichtigungen sind gelegentlich im Rahmen von Führungen möglich. Im Treppenaufgang und im Jagdzimmer sind Decken- und Wandbemalungen im Original erhalten, und man sieht Kapitelle, die mit filigranen Steinmetzarbeiten bekrönt sind.

○ Schloss Friedelhausen, Friedelhausen 1, 35457 Lollar
○ ÖPNV: RB bis Bahnhof Friedelhausen

Bauernland auf Basalt

 Der Vogelsberggarten in Ulrichstein

Auf einem Spaziergang rund um die Burgruine Ulrichstein scheint eine größtenteils verschwundene Welt auf, die sogar Landkinder zum Staunen bringt. Am steilen Hang eines 609 Meter hohen Basaltschlots, an dem allerhand Basaltbrocken herumliegen, die man in früheren Zeiten zum Bau der Burg und als Fundamente von Bauernhäusern benutzt hat, zeigt der Vogelsberggarten ein Abbild der Kulturlandschaft des größten erloschenen Vulkangebiets in Mitteleuropa. Infotafeln erzählen spannende Erdgeschichte. Vor 20 bis 10 Millionen Jahren schoss aus dem Inneren der Erde flüssige Lava empor und ergoss sich über Kalk- und Sandsteinflächen früherer Epochen, erstarrte dort zum blau-grau-schwarzen Basalt, der bis zu 300 Meter in die Tiefe reicht. Später, in der letzten Eiszeit vor 110.000 bis 10.000 Jahren, wehten schwere Weststürme feine Lössablagerungen übers Land. Der Löss auf dem Basalt wurde mit der Zeit überwiegend weggeschwemmt. So entstand eine der ärmsten landwirtschaftlichen Regionen Deutschlands. Pech gehabt: Die basaltlosen benachbarten Wetterauer Böden speicherten den Löss und sind deshalb hoch ertragreich, woran sich schon die Römer begeisterten.

TIPP Das Museum im Vorwerk zeigt Kulturgut aus Landwirtschaft, Handwerk, Forst und Jagd: Hauptstraße 33. www.museum-im-vorwerk.de

Der Vogelsberggarten von Ulrichstein demonstriert alte bäuerliche Wirtschaftsverfahren: kein Kunstdünger, Wildpflanzen erlaubt. Da gibt es Mauer- und Felsenvegetation, Äcker mit Wildkräutern, Bauerngärten, Beete mit Wildpflanzen und Heilkräutern, Wiese, Wald, Viehweiden und alte Obstbaumsorten. Wir erfahren, dass unsere heutige Trennung von Wald, Weide und Wiese erst durch die Forstwirtschaft des 19. Jahrhunderts aufkam. Bis dahin trieb man das Vieh in die Wälder, wo es reichlich Futter fand, dadurch aber die jungen Bäume und den Wald zerstörte. Beim Weitergehen stellen wir uns vor, wie es wäre, wenn beim nächsten Waldspaziergang Ziegen, Schafe, Rinder, Pferde und Schweine aus dem Dickicht hervorbrechen würden.

Vogelsberggarten an der Burgruine, Schlossberg, 35327 Ulrichstein
www.vogelsberggarten.de
ÖPNV: Von Mücke Anruf-Linien-Taxi ALT VB-76; von Lauterbach Bus VB-65,
Haltestelle Ulrichstein Lindenplatz

Architektur der Superlative

 27 *Alsfelder Rathaus und Altstadt*

Wer alte Fachwerkhäuser in urigen Gassen liebt und eine echte alte Stadt sehen möchte, von aufgebrachten Bürgern vor der Abrissbirne gerettet – der oder die sollte unbedingt Alsfeld besuchen. Das ist eine geruhsame Kleinstadt mit 16.000 Einwohnern, die sich über 16 Ortsteile am nördlichen Rand des Vogelsbergkreises verteilen. Alsfeld liegt an der alten Heer- und Handelsstraße *Kurze Hessen* und blieb glücklicherweise im Dreißigjährigen Krieg unzerstört. Dokumentiert sind sage und schreibe 278 historische Kulturdenkmäler und sechs schützenswerte Gesamtanlagen, allen voran der Marktplatz. Fast alle Häuser der Altstadt sind Fachwerkkonstruktionen, deren Bauzeit bis ins 14. Jahrhundert zurückreicht und von denen viele mit auffallendem Schmuckwerk verziert sind. Repräsentative Patrizierhäuser, Renaissancegebäude, Quartiere von Ackerbürgern und Handwerkern und öffentliche Steinbauten wie das Hochzeitshaus, das Weinhaus und die Walpurgiskirche füllen die endlos scheinende Liste sehenswerter Bauten.

Vor dem Rathaus von 1516 stehen täglich Menschen und bewundern die Harmonie dieses Gebäudes. Es ist der älteste Rähmbau der Stadt und diente später dem Schottener Rathaus und dem Neuen Schloss in Gießen als Vorbild. Allerdings sollte es 1878 abgerissen werden. Dagegen wehrten sich die Bürger erfolgreich – ein Moment, der als Geburtsstunde der hessischen Denkmalpflege in die Landesgeschichte einging. Nun wurden die zugemauerte Bogenhalle im Erdgeschoss des Rathauses geöffnet, die markanten Türme aufgesetzt, eine aufwendige Grundsanierung begann. Schon 1910 gab Alsfeld sich ein Baustatut, wonach bei Neubauten und Reparaturen künftig „auf eine gefällige architektonische Ausführung" zu achten sei.

TIPP *Der Alsfelder Weihnachtsmarkt (mit Märchentheater) wirkt sehr romantisch vor der historischen Kulisse.*

1975 erhielt die vorbildlich erhaltene mittelalterliche Siedlung die Auszeichnung *Europäische Modellstadt für Denkmalschutz* und rückte damit auf die gleiche Wertigkeitsebene wie Berlin, Rothenburg ob der Tauber, Trier, Brügge, Bologna. Alsfeld ist einfach klasse!

● **Rathaus Alsfeld, Markt 1, 36304 Alsfeld**
www.alsfeld.de
● **ÖPNV: RB und Bus X39 bis Bahnhof Alsfeld**

Kult & Mythos Leica-Kamera

 ## Der Leitz-Park in Wetzlar

Der Name Leica ist ein Mythos, der die Herzen von Fotofreunden, seien es Profis oder Amateure, höherschlagen lässt und beim Betrachten legendärer Schwarz-Weiß-Fotos Glücksgefühle auslöst. Die Leica-Kameras haben Kultstatus. Alles begann 1914 mit der Entwicklung der ersten erfolgreichen Kleinbildkamera durch Oskar Barnack, der bei Leitz die Versuchsabteilung leitete. Die Wetzlarer Firma war um 1900 mit 400 Mitarbeitern bereits größter Hersteller von Mikroskopen. Seriell produziert wurde die Leica ab 1925. Richtig in Fahrt kam ihr Siegeszug 1954 mit dem handlichen Leica-Messsuchersystem, das die Pressefotografie revolutionierte. Alle berühmten Fotografen, von Robert Capa, Henri Cartier-Bresson, Alfred Eisenstaedt, Paul Wolff bis Barbara Klemm, benutzten „die M", mit der sie unauffällig und schnell aus der Hand Situationen einfangen konnten.

Die Leica M 10 ist die aktuelle Digitalversion des Urgesteins, das auch weiterhin in analogen Versionen erhältlich ist. Wer sich eine Leica zulegt, gleich aus welchem Segment, kauft ein Luxusprodukt und ist bereit, für den Porsche der Fotografie sehr viel zu zahlen.

TIPP *Die Leica Akademie veranstaltet Workshops und Fotoreisen für Einsteiger und Fortgeschrittene.*

Beinahe wäre die Sache schiefgegangen: 2004 stand das Unternehmen vor der Insolvenz. Gerettet wurde es von einem optikfremden Investor. Andreas Kaufmann machte aus der Leica Camera AG einen internationalen Premium-Hersteller – und vergaß die Menschen in der Region dabei nicht. Mit dem Leitz-Park auf einem Berg oberhalb von Wetzlar wurde eine optische Erlebniswelt für Fotoenthusiasten jeden Alters und Geschmacks geschaffen. Auf einer neunzigminütigen Leica-Tour blickt man direkt in die Manufaktur der Feinmechaniker. Das Ernst Leitz Museum vermittelt Geschichte und Fototechnik, die Leica Galerie zeigt zeitgenössische Fotografie, der Leitz-Naturlehrpfad bietet Gelegenheit, Optikprodukte zu testen. Der Kamerashop, das stylische Café Leitz, das Leica Casino und das Restaurant Weinwirtschaft sind i-Tüpfelchen des Eventprogramms.

Leitz-Park, Am Leitz-Park, 35578 Wetzlar
www.leica-camera.com
ÖPNV: Bus 11, Haltestelle Am Leitz-Park; Bus 12, Haltestelle Schanzenfeldstraße

Bei den Braunbären

29 *Der Tiergarten Weilburg bei Hirschhausen*

Bei den Fischottern ist immer etwas los. Die dickfelligen Marder flitzen in ihrem Gewässer herum und bemühen sich mit allerhand Saltos und Kapriolen, die Aufmerksamkeit der kleinen und großen Besucher einzufangen, die ihnen von der Brücke oder der kleinen Plattform über dem Ottergewässer zusehen. Sie scheinen die Zuschauer zu foppen, indem sie bis zu acht Minuten unter Wasser bleiben und plötzlich direkt vor ihrer Nase hochschnellen. Wenn die juchzenden Kinder sich endlich von den putzigen Tierchen lösen können, entdecken sie gegenüber die dicken braunen Nachbarn der Otter. Die Fellfarbe ist fast dieselbe, jedoch – was für ein Unterschied! Die mutterlos aufgegriffenen beiden Europäischen Braunbären aus der Hohen Tatra gehören zu den attraktivsten tierischen Begegnungen im Wildpark Tiergarten Weilburg. Meister Petz gilt zwar als Raubtier, frisst aber hauptsächlich Gräser, Nüsse, Früchte, Pilze, Kräuter, manchmal Hasen, Vögel, Insekten, Erdhörnchen und nur gelegentlich das eine oder andere Schaf oder Reh. Die gutmütig und schwerfällig wirkenden Buckelbären können übrigens sehr schnell rennen und hervorragend schwimmen.

TIPP *Im historischen Landgestüt Dillenburg finden Vorführungen mit Pferden und Kutschen statt.*

Im Tiergarten Weilburg leben etwa 20 Tierarten, darunter Wisente, Auerochsen, Rothirsche, Elche, Wildpferde, Wölfe, Luchse, Wildkatzen und in letzter Minute vor dem Aussterben gerettete Przewalskipferde. Dem mit einer alten Ringmauer umschlossenen idyllischen Wildpark mit Wiesen, Wasserflächen, riesigen Eichen ist seine frühere Funktion als Jagdgebiet der Nassauer Grafen noch anzumerken. Ein erhaltenes Naturparadies.

In der Nähe von Weilburg gibt es noch drei weitere zoologische Gärten. Mit begehbaren Vogelvolieren bleibt der Tierpark in Herborn-Uckersdorf seiner Tradition als einstiger Vogelpark treu. Im Wildpark von Dillenburg-Donsbach leben in ruhiger Tallage rund 250 Tiere – Gämsen, Mufflons, Sikawild, Steinböcke und Rotwild. Und das Wildgehege Herborn mit 70 Tieren befindet sich in der Nähe des Aussichtsturms am Dillblick.

❯ Wildpark Tiergarten Weilburg, Tiergartenstraße, 35781 Weilburg (bei Hirschhausen)
www.wildpark-weilburg.de
❯ ÖPNV Vom ZOB Weilburg Bus LM66, Haltestelle Hirschhausen Tiergarten

Schräges & Schlimmes

 Kugelgasse, Kugelkirche und Kugelhaus in Marburg

So lauschig dieses üppig bepflanzte Gässchen auch wirkt, so dramatisch klingt sein Name *Auf der schlimmen Mauer*. Allerdings gibt es dafür eine einfache Erklärung: Das Wort *slimb* bedeutet im Althochdeutschen schräg, und das trifft nicht nur auf den Mauervorsprung mit den anmutig steilen, schiefergedeckten Häusern, sondern auf die gesamte Kugelgasse zu. Wer Marburg authentisch erleben und ein Gefühl für mittelalterliches Leben erahnen möchte, wandere durch die Kugelgasse. Sie windet sich vom Kalbstor hinab bis zur Barfüßerstraße und verzweigt sich dabei dreimal seitlich. Ihren Namen verdankt sie den Brüdern vom Gemeinsamen Leben, die seit 1491 im klösterlichen Kugelhaus unterhalb der Kugelkirche lebten. Die Kugelherren trugen lustig anzusehende Gugel, Mützen mit langem Zipfel.

Die ab 1478 errichtete heutige Katholische Pfarrkirche ist der letzterrichtete mittelalterliche Sakralbau Marburgs. Im Inneren sollte man den Blick nach oben richten: Das Netzgewölbe ist mit original gotischen Fresken in Form von Strahlkränzen und Blattwerk ausgemalt, eine Augenweide. Nach 1527 diente die Kugelkirche der Theologischen Fakultät als Hörsaal und Aula sowie als Kirche für Reformierte und für Hugenotten. Die Nutzungsliste des spätgotischen Kugelhauses nebenan spiegelt Stadtgeschichte: Altenstift für Mönche, Wohnhaus für Stipendiaten, später für Professoren, Amtsgericht mit Gefängnis, Seminar für Historische Hilfswissenschaften, Seminar für Mittelalterliche Geschichte, Lichtbildarchiv, Institut für Völkerkunde.

TIPP *Das uralte Bierlokal Hinkelstein im tiefen Gewölbekeller am Markt öffnet bis 3 bzw. 5 Uhr morgens.*

Die Stadttouristiker hatten den lustigen Einfall, an die Geschichte einiger Marburger Gassen mit zusätzlichen Straßenschildern zu erinnern. Das betrifft die Mistgasse zwischen Metzgergasse und Hirschberg, die Windgasse zwischen Lutherischem Pfarrhof und Ritterstraße, die Alte Gasse zwischen Barfüßerstraße und Rübenstein sowie das Webersgäßchen zwischen Ritterstraße und Steingasse. Wer sich in diesem Wirrwarr verläuft, hat später was zu erzählen.

◉ **Kugelkirche St. Johannes Evangelist, Kugelgasse 8–10, 35037 Marburg**
www.st-johannes-marburg.de
◉ **ÖPNV: Bus 10, Haltestelle Markt, dann Aufstieg zu Fuß, oder Haltestelle Schloss, dann Abstieg**

Würfel mit Dachreiter

 Kaffeemühlenkirchen bei Gladenbach und Lohra

„Wie im Wohnzimmer" habe sich der frühere Pfarrer immer gefühlt, wenn er in Frohnhausen Gottesdienste abgehalten habe, erzählt die einstige Küsterin, die „in Vertretung" immer noch einen Schlüssel besitzt. Es stimmt. In dem winzigen und doch wohlproportionierten Puppenstuben-Gotteshaus fühlt man sich gleich heimisch und möchte singen, um die Akustik auszuprobieren. Die drei Kaffeemühlenkirchen in Frohnhausen, Runzhausen und Seelbach gehören zu den bekanntesten Sakralbauten Hessens und locken Besucher wegen ihrer ungewöhnlichen äußeren Form an. Die Fachwerkbauten entstanden zweistöckig auf nahezu quadratischem Grundriss, haben ein geschiefertes Zeltdach und mittig einen achteckigen Haubendachreiter. Kaffeemühle! Nur Lage, Form und Anordnung der Fenster und die neueren Farbanstriche variieren. Frohnhausen entschied sich für leuchtendes Rot, das im Sommer mit dem großen Rosenstrauch neben dem Eingang harmoniert. Runzhausen schimmert in edlem Schwarz-Fachwerk mit einer rot-gelben Geschossborte. Seelbach strahlt geschmackvoll in Taubenblau. Heimelig wie eine alte Kaffeemühle sind die Kirchlein auch innen, alles passt rein: Empore, Altar, Kanzel, Orgel.

TIPP Die stattliche rote Fachwerkkirche in Weimar-Allna stammt auch von Johann Georg Blöcher (1782).

Über ihre Entstehung ist wenig bekannt, jedoch ergänzen sich diverse Dorfchroniken: Als ihre alte Kapelle verfiel, schrieben die Gläubigen des damals 16-Seelen-Dorfes Frohnhausen Bittbriefe an die Obrigkeit, die schließlich in eine Lieferung von neun Stämmen Streckholz mündeten. Beauftragt wurde Johann *Jakob* Blöcher, der 1770 mit der Arbeit begann. Parallel arbeitete derselbe Zimmermeister ab 1771 am Kirchenbau in Seelbach. Das Runzhausener Gotteshäuschen jedoch verantwortete Johann *Georg* Blöcher ab 1781 im gleichen Baustil; er ging als bedeutender Hinterländer Zimmermeister in die Regionalgeschichte ein. Öfter soll er seinen Bruder beauftragt haben, in entfernter liegenden Dörfern zu bauen. Wer von beiden sich die Kaffeemühlenform wirklich ausgedacht hat, wissen wir deshalb nicht. Sehenswert sind sie allemal.

Kaffeemühlenkirchen in 35075 Gladenbach-Frohnhausen, 35075 Gladenbach-Runzhausen und 35102 Lohra-Seelbach, www.ekg-gladenbach.de, www.ev-kirche-lohra.de

Roms Provinz-Stadt

32 *Das Römische Forum in Lahnau-Waldgirmes*

Bläht er nicht gerade seine Nüstern, als wolle er seinem Körper befehlen, sogleich loszustürmen? Wie edel sein Zaumzeug, wie lebhaft sein Auge, wie ausdrucksstark das Gesicht. 2000 Jahre, bis 2009, lag der gewaltige bronzene Pferdekopf gut konserviert im Grundwasser eines römischen Brunnens – ein einmaliger Fund für Archäologen, die oft lebenslang in der Erde buddeln, ohne etwas Bedeutendes zutage zu fördern. Sensation in Waldgirmes an der Lahn! Der filigran gearbeitete, 14 Kilogramm schwere Pferdekopf, Teil einer Reiterstatue, ist ebenso wertvoll wie die Steinfigur des Keltenfürsten vom Glauberg in der Wetterau. Nur Fachleute durften das gute Stück bisher betrachten, das Original wird im Römerkastell Saalburg im Taunus aufbewahrt. Zum Glück kommt jetzt wenigstens eine werkgetreue Replik nach Hause – in das Besucherzentrum des Römischen Forums Waldgirmes.

Die Fundamente eines Römerlagers wurden schon in den 1990er-Jahren bei professionellen Grabungen entdeckt, nachdem Bürger auf Äckern einiges an Keramik und Scherben gefunden hatten. „Ihre Soldaten bezogen hier ihre Winterquartiere, Städte wurden gegründet, und die Barbaren passten sich ihrer Lebensweise an, besuchten die Märkte und hielten friedlich Zusammenkünfte ab." So berichtet der römische Geschichtsschreiber Cassius Dio um 200 n. Chr. Bezog er sich dabei auf Waldgirmes?

TIPP In Niederweimar bei Marburg entsteht das Archäologische Freilichtmuseum Zeiteninsel. www.zeiteninsel.de

Tatsächlich ergaben die Forschungen, dass sich im Lahntal kein einfaches Militärlager befand; eine ganze Stadt war geplant, künftiges Zentrum einer neuen römischen Provinz mit einer zivilen Infrastruktur. Die Römer wollten sich an der verkehrstechnisch günstig liegenden Lahn-Wasserstraße zum Rhein dauerhaft niederlassen – ein Projekt, das sie nach der vernichtenden Schlacht im Teutoburger Wald aufgaben, stattdessen zogen sie sich aus Germanien zurück. Ein Reiterstandbild für diese nie vollendete Stadt schuf der Braunfelser Künstler Heinrich Janke, eine Fantasie in Gold auf dem öffentlich begehbaren Ausgrabungsgelände. Es zeigt den römischen Kaiser untypisch in Zivil.

● Römisches Forum Waldgirmes, Seitenstraße der Naunheimer Straße (ausgeschildert), 35633 Lahnau-Waldgirmes, www.roemerforum-lahnau.de
● ÖPNV: Bus 24, Haltestelle Waldgirmes Römisches Forum

Rapunzel & Rotkäppchen

 33 *Das Otto-Ubbelohde-Haus in Goßfelden*

„Rapunzel, Rapunzel, lass dein Haar herunter!" So ruft die Zauberin, so imitiert der Königssohn ihren Spruch. Der Originalturm, nach dessen Vorbild Otto Ubbelohde dieses Märchen der Brüder Grimm illustrierte, steht im Dorf Amönau 13 Kilometer nördlich von Marburg und ist dort leicht zu finden. Otto Ubbelohde zeichnete die Illustration in seinem Atelierhaus, das er mitten in den Goßfeldener Lahnauen errichtet hatte. Ubbelohde (1867–1922) war ein verträumter Romantiker und poetischer Naturmaler. Das merkt man dem gepflegten geschindelten Fachwerkbau mit Dachgauben, roten Fensterläden, teils kratzputzverziertem Gefache, verschachtelten Innenräumen und knarrenden Holzdielen an. In dem Museum hängen nicht nur bedeutende Exponate seines Schaffens, das ehemalige Wohnhaus atmet mit seinem teils original erhaltenen Mobiliar noch den Geist des Hausherrn. Nach fast hundert Jahren Abwesenheit blieb das Atelier-Ambiente so getreu erhalten, dass man meint, der Künstler komme gleich von einem Spaziergang zu seinen geliebten Pappeln zurück.

TIPP *Der 1,5 Kilometer lange Rundweg auf Ubbelohdes Spuren führt zu 16 Stationen in Goßfelden.*

Der gebürtige Marburger Ubbelohde war einer der bedeutendsten hessischen Maler, Radierer und Illustratoren. Er studierte Kunst in München, wo er sich der Sezessionsbewegung anschloss, sympathisierte mit dem Worpsweder Künstlerkreis und befreundete sich mit der Willingshäuser Malerkolonie. Sein künstlerischer Stil war vom Impressionismus beeinflusst, stark vom Jugendstil geprägt und ergab eine faszinierende Verbindung von naturgetreuen Darstellungen in prägnanter Linienführung. Der publikumsscheue Maler hätte eine große künstlerische Karriere verfolgen können, kehrte stattdessen in die Heimat zurück, lebte von Auftragsarbeiten als Illustrator und nutzte für seine Werke am liebsten regionale Motive, die er zeichnerisch verfremdete: die Schlosshöfe in Marburg und Weilburg, gepflasterte Stadtgassen, den Kirchturm von Caldern, den Christenberg, die Burgruine von Mellnau. Wer sie wiedererkennt, hat in jeder Hinsicht gewonnen!

🔴 Otto-Ubbelohde-Haus, Otto-Ubbelohde-Weg 30, 35094 Lahntal-Goßfelden
www.otto-ubbelohde.de
🔴 ÖPNV: RB bis Bahnhof Goßfelden

Beim Domschweizer

34 *Der Limburger Georgsdom*

Eine Führung mit Domschweizer Bernhard Wagner ist wie eine Zeitreise durch 1100 Jahre Domberg-Geschichte. Die siebentürmige, dreischiffige Emporenbasilika aus der rheinischen Spätromanik (1235 geweiht) ruht auf einem Kalkfelsen hoch über dem Limburger Becken. Der gewaltige Kirchenkörper muss in der im wörtlichen Sinne grauen Vorzeit ab den 1870er-Jahren, als der farbige Außenputz heruntergeklopft wurde und die Domarchitektur optisch mit der einstigen Burg zu hoheitsvoller Einheit mit dem Felsen verschmolz, streng und abweisend gewirkt haben. Dieser Eindruck verflüchtigte sich in den 1970ern nach einer restaurativen Rückbesinnung, die dem Hohen Dom des kleinsten Bistums in Deutschland mit neuer Farbgebung in Rot, Weiß, Ocker, Schwarz und Grün eine freundlichere Tönung verpasste.

Bernhard Wagner erzählt anschaulich, wie die als „himmlische Stadt" mit arkadengesäumten „Wohnungen" für Apostel, Evangelisten, Propheten, Heilige und Christus als Weltenrichter konzipierte Kirche entstand. Man erahnt das Keuchen der Arbeiter, die ohne Bagger, Kräne und

TIPP 250 Kerzen leuchten bei Rorate-Messen im Advent. Danach Frühstück für alle bei den Domschwestern.

Strom vor 800 Jahren schwere Steine von der Lahn hochwuchteten. Man staunt, wie es gelingen konnte, drei Viertel der romanischen Fresken zu restaurieren. Das elegante und luftige Domgebäude birgt wunderschöne Kunstschätze, etwa die hochgotische Sitzmadonna rechts vom Haupteingang. Ganz stolze Mutter, lächelt sie fröhlich und hält ihr süßes Jesulein hoch, damit es alle sehen können.

Domschweizer ist ein weltlicher Beruf: Quasi als Gottes Hausmeister teilt er sich praktische Aufgaben mit dem Küster, öffnet und schließt den Dom, sucht Messgewänder heraus, hütet Oblaten, Wein und Wasser. Wie seine Namensvetter von der Schweizergarde im Vatikan wacht er über sein „schönes Kathedrälchen". Dennoch ist er es, der an hohen Festtagen bei Pontifikalgottesdiensten in roter Robe und Rundkappe, einen Holzstab mit Knauf in der Hand, den Zug des „liturgischen Personals" der Messdiener und Priester, auch des Bischofs, in den Dom anführt.

Dom zu Limburg, Domplatz, 65549 Limburg
www.dom.bistumlimburg.de
ÖPNV: RB bis Bahnhof Limburg

Vergängliche Herrschaft

35 *Burg Gleiberg und ihre zwei Schwestern*

Als eindrucksvolles Wahrzeichen von Weitem sichtbar, wacht die um das Jahr 950 errichtete Burg Gleiberg über die Lahngegend nördlich von Gießen. Die auf einem Basaltkegel ruhende Ruine der Oberburg wurde 1646 im Hessischen Erbfolgekrieg zerstört. Umso eindrucksvoller zeugen die großflächig erhaltenen Fundamente der Befestigung und der runde Bergfried von der einstigen Herrschaft der dem Hause Luxemburg entstammenden Grafen von Gleiberg, die in der Reichspolitik des 11./12. Jahrhunderts eine wichtige Rolle einnahmen. Von der Aussichtsplattform des 30 Meter hohen Bergfrieds blickt man über das Lahntal zwischen Gießen und Marburg, an Schönwettertagen bis zum Feldberg im Taunus, den Ausläufern des Westerwaldes und den Vogelsberger Höhen. In der jüngeren, gut erhaltenen Unterburg bietet die Burggastronomie mit Nassauer Stuben, Rittersaal und rustikaler Albertusklause vielfältige Möglichkeiten für Einkehr und Festessen – gern genutzt für Hochzeiten, denn in der Burg gibt es ein Standesamt und nebenan eine Kapelle. Der große Burghof verschafft Mittelaltermärkten, dem Kultursommer Mittelhessen und anderen Freiluft-Events eine ideale Plattform.

TIPP Etwa 70.000 Besucher kommen zum Julifestival Golden Oldies mit Musik, Mode, Motoren der 50er- bis 70er-Jahre. www.golden-oldies.de

Vom Gleiberg aus blickt man auf den nur anderthalb Kilometer entfernten Vetzberg, dessen heutige Ruine den Gleiberger Grafen bereits im 13. Jahrhundert als zweite Burg diente. Der gepflasterte Aufgang führt rechts um die Burg herum, damit etwaige Angreifer ihre rechte Körperseite, die nicht durch ein Schild geschützt war, den Verteidigern zuwenden mussten. Vom Vetzberg aus schaut man unwillkürlich zum Dünsberg, auf dem ein gewaltiger Sendeturm thront. Der oberste von drei Ringwällen um diese Anhöhe soll aus der Spätbronzezeit (vor 800 v. Chr.) stammen, auf dem Dünsberg gab es in jener Zeit nachweislich eine keltische Großsiedlung. Archäologische Spurenleser beweisen, dass es sich um die letzte Stätte der Kelten auf dem europäischen Festland handelte (Informationen im Keltengehöft am Dünsberg).

● Burg Gleiberg, Burgstraße 90, 35435 Wettenberg-Krofdorf-Gleiberg, www.gleiberger-land.de, www.burg-gleiberg.de, www.vetzbergverein.de, www.duensberg-verein.de
● ÖPNV: RB bis Bahnhof Gießen, dann Bus GI-22, Haltestelle Johanneskirche, weiter mit Bus 802, Haltestelle Krofdorf-Gleiberg Wiesenstraße

Die Lust am Wassersport

 36 *Am Trais-Horloff-Inheidener See bei Hungen*

60 Badeseen liegen im Bundesland Hessen – die meisten sind Baggerseen im Rhein-Main-Gebiet und nordhessische Gewässer mit dem Edersee als flächengrößte Wassersport-Attraktion. In Mittelhessen verteilen sich offiziell 17 Badeseen ungleichmäßig zwischen der Krombachtalsperre im Westerwald und dem Niedermooser See im Vogelsberg. Die meisten häufen sich im Westen an Lahn und Dill, während sich die Auswahl östlich auf den Niddastausee und den Niedermooser See beschränkt. Wen wundert es daher, dass der 35 Hektar Wasserfläche füllende Trais-Horloffer See dank exponierter Lage am Rande der Wetterau, wo es außer dem flachen Gederner See gar kein badetaugliches Gewässer gibt, ein beliebtes Ausflugsziel ist.

Zwei Stadtteile von Hungen profitieren von glücklicher Seelage – und zanken sich seit jeher um den Seenamen. Meist liegt Inheiden vorn, denn das seit 1953 begangene Seefest Inheiden an vier Tagen im August zieht Tausende Menschen an den Inheidener See. Das verstimmt die Trais-Horloffer, denn zwei Drittel der Seefläche liegen in ihrer Gemarkung, was die offiziell gültige Bezeichnung Trais-Horloffer See rechtfertigt. Was kümmert es uns! Das kühle Nass erfrischt alle Badelustigen, denn der See ist eintrittsfrei zugänglich, wenn es auch an heißen Ferientagen oder Wochenenden schwierig sein kann, einen der 200 Parkplätze zu ergattern.

TIPP *Aus den Lahnkiesgruben entstanden Badeseen bei Niederweimar, Wißmar, Launsbach, Dutenhofen, Heuchelheim.*

Am besten kommt man gleich per Rad oder mit öffentlichen Verkehrsmitteln.

Das Naherholungsgebiet mit Wochenendhäusern und Stellplätzen für Wohnmobile existiert seit den 1960er-Jahren. Der 27 Meter tiefe Baggersee entstand aus dem früheren Braunkohletagebau, und bei dieser Entscheidung hatten sowohl die Inheidener als auch die Trais-Horloffer Glück. Denn dieser nördlichste See einer Reihe von Gewässern in der europäischen FFH-Zone Horloffaue darf als einziger für Freizeitzwecke genutzt werden. Die Wetterauer Seenplatte und das Bingenheimer Ried weiter südlich sind zwar riesig – aber ohne Badestelle.

> **Trais-Horloffer-Inheidener See, 35410 Hungen**
> www.seefest-inheiden.de, www.freizeit-mittelhessen.de
> **ÖPNV: RB 46 bis Bahnhof Trais-Horloff**

Blues, Schmus & Apfelmus

 Am Laubacher Schloss

Burgherren und Adelsfamilien, die noch in ihren Schlössern residieren – gibt es das heutzutage überhaupt noch? In Hessen kommt es öfter vor, beispielsweise in Büdingen in der Wetterau, in Braunfels bei Wetzlar, in Schloss Eisenbach im Vogelsberg, in Lich bei Gießen – und im idyllischen Städtchen Laubach, dessen Schloss die Familie der Grafen zu Solms-Laubach bewohnt. Der Solmser Vorfahre Friedrich Magnus hatte 1559 begonnen, die einstige Wasserburg mit Kemenaten, Türmen, Gräben und Mauern in ein gräfliches Residenzschloss umzubauen. Graf Friedrich Magnus führte 1544 die Reformation ein, gründete eine Lateinschule und erlaubte den Bürgern, die Wälder zu nutzen. Die selbstständige Grafschaft ging 1806 im von Napoleon geschaffenen Großherzogtum Hessen auf. Im 20. Jahrhundert verschafften die Holzverarbeitung und die Eisenindustrie dem Städtchen neuen Aufschwung. Heute bewirtschaftet der Forstbetrieb Solms-Laubach 4250 Hektar Waldfläche.

Die 5000 Einwohner der heutigen Kernstadt leben von Tourismus und Dienstleistung. Der Laubacher Jahreskalender ist voller großer Vergnügungs-Events: das Ausschussfest mit Festzug, Hammel-

TIPP Die Schlossbibliothek ist mit 120.000 Titeln eine der größten und wertvollsten Privatsammlungen Europas.

schießen und Krämermarkt (Juni); die Gartenmesse Herbstzauber Laubach (September); der Pflanzenmarkt La Villa Cotta im Schlosshof (April); das Lichterfest mit Feuerwerk im Schlosspark (August); die Orgelkonzertreihe mixtur in den Laubacher Kirchen (Mai); Open-Air-Kino-Nächte im Schlosshof und Oper Schloss Laubach (Juli); das Schlossfest mit viel Musik, Tanz und Flohmarkt zugunsten diverser Sozialeinrichtungen (September); die Schlossparkkonzerte mit Kaffeetafel (Juni–August); der Winterzauber-Markt im Schloss (Oktober–November); der Weihnachtsmarkt und das Silvesterwürfeln in den Laubacher Cafés, Kneipen und Restaurants.

Aus ganz Deutschland strömen die Bluesfans Ende August zum größten Ereignis in Laubach: dem Festival *Blues, Schmus und Apfelmus* mit hochkarätigen Musikern, regionalen Mundart-Gruppen und jeder Menge Äpfel!

⊙ **Schloss Laubach, am Markt, 35321 Laubach**
www.schloss-laubach.de, www.laubach-online.de, www.bluesschmusundapfelmus.de
⊙ **ÖPNV: Bus GI-74 von Grünberg bis Laubach**

Mit und ohne Tülle

38 *Das Gießkannenmuseum in Gießen*

Wie abgefahren und doch naheliegend ist das denn? Ein Gießkannen-museum in Gießen, dessen Betreiber sich „dem gesamten Kosmos des trivialen Gießgefäßes" widmen, „das den Pflanzenliebhaber unabhängig vom Regen macht". Eine ungewöhnliche Sammlung mit mehr als 1400 Exponaten aus aller Welt eröffnet sich hinter dem Schaufenster in der Sonnenstraße neben dem Alten Botanischen Garten. Die in Gießen prä-sentierten Gießkannen aus Zinkblech, Messing, Kupfer, Aluminium, Plastik, Porzellan oder Steingut wurden von zahlreichen Pflanzenfreun-den und Hobbygärtnerinnen gespendet, manche gut erhalten, manche durch langen Gebrauch zerkratzt, zerbeult oder ganz ramponiert. Ohne die Menschen, die ihre Objekte vorbeibringen oder abholen lassen, würde dieses Mitmachmuseum nicht existieren.

Gießkannen sind Teil unserer Alltagskultur, deren formal-ästhetischer Charakter genau wie andere praktische Gegenstände oft Rückschlüsse auf den Geschmack ihrer Nutzer vermittelt. Mit jedem Gefäß – sei es mit zarter, robuster oder gar keiner Tülle ausgestattet, mit kurzem oder kräfti-gem Rohr, mit oder ohne stabilisierender Spreize, für drin-nen oder draußen konzipiert, für Erwachsene oder Kinder, für Vintage-Freaks oder Design-Jünger, aus dem Baumarkt, der Edelboutique oder vom Flohmarkt – verbindet sich eine Geschichte. Durch die kleinen Objekt-Erzählungen erweitern die Museumsbesucher ihr Wissen über Verwen-dungsarten und Gartengeräte, Routinen und Lebensbedingungen, Zeit-geist und Hobbys, Wohnkultur, Geschmack und verrückte Ideen. Zugleich erfahren sie kuriose Anekdoten oder Marotten der Vorbesitzer.

Ausnahmslos alle Exponate werden für die Webseite des Museum foto-grafiert und mit ihrer Herkunftsstory präsentiert. Da kann man ein betagtes Brausegerät zur Orchideenbewässerung bewundern, eine Segeltuchkanne von einem Segelschiff, eine rot geblümte Kinderkanne mit grünem Henkel, ein rein dekoratives Gießkannenkissen, ein winziges Einsteckkännchen für Blumenkübel und so manche einsame Brause ohne Korpus.

TIPP *Das Gießener Mathe-matikum ist mit 170 Experimenten eines der beliebtesten Familienmuseen in Hessen.*

Gießkannenmuseum, Sonnenstraße 3, 35390 Gießen
www.giesskannenmuseum.de
ÖPNV: RB bis Bahnhof Gießen, 800 Meter Fußweg

Residenz im Junkerland

39 *Die Lauterbacher Altstadt*

Die Kreisstadt Lauterbach mag friedlich, gar verschlafen wirken. Blickt man in ihre politisch bewegte Geschichte, versteht man, warum ein Spaziergang an Hunderten denkmalgeschützten Gebäuden, Ensembles, Brunnen, Wappen und Ähnlichem vorbeiführt. Alles beginnt mit der geologisch vorteilhaften Lage. Am einstigen Standort einer chattisch-fränkischen Siedlung treffen das vulkanische Basaltgestein des Vogelsberges, der Buntsandstein des osthessischen Berglandes, ein Streifen Muschelkalk und Reste von Lössen und Lehmen zusammen. Strategisch lag Lauterbach günstig an der Handelsstraße *Kurze Hessen* und an der Verbindung von Fulda ins Amöneburger Becken.

Politisch befand sich Lauterbach im Spannungsfeld zwischen der Landgrafschaft Hessen, den Stiften in Fulda, Hersfeld und Mainz. Letztlich setzte sich das Adelsgeschlecht der Freiherren Riedesel zu Eisenbach durch, die 1526 die Reformation einführten. Die Stadt erlebte drei wirtschaftliche Blütezeiten, in denen viele der Baudenkmäler entstanden. Die erste im 14. Jahrhundert unter den später ausgestorbenen und von den Riedesels abgelösten Eisenbacher Vögten brachte Tore und Türme wie den Ankerturm, Mühlen und Bürgerhäuser an Markt und Kirchplatz hervor. Das älteste erhaltene Haus mit der Adresse An der Kirche 11 wurde um 1500 errichtet.

TIPP Dem Lauterbacher Strolch und dem Heiligen Simplicius widmet Lauterbach mehrere Denkmäler.

Die zweite wirtschaftliche Hochphase mit reger Bautätigkeit gab es bis zum Beginn und nach Ende des Dreißigjährigen Krieges. 1684 wird Lauterbach Residenz des „Riedesel'schen Junkerlandes" und damit dessen politisches, ökonomisches, religiöses und kulturelles Zentrum. Eine solche Residenzstadt benötigt repräsentative Gebäude – Stadtkirche, Hohhaus-Schlösschen, Beamtenviertel, Vorstädte. Das Handwerk blüht in dieser Zeit mit etwa 300 Leinewebern, 60 Schuhmachern, 30 Metzgern, auch höfischen Berufen wie Perückenmacher und Silberschmied. Die prächtige Bahnhofsstraße stammt aus der Zeit des Eisenbahnbaus um 1871.

○ 36341 Lauterbach, www.lauterbach-hessen.de
○ ÖPNV: RB bis Bahnhof Lauterbach

Mit der Sense gemalt

 40 *Die Ernst-Eimer-Stube in Mücke-Groß-Eichen*

Möchte man in dieser sonnenhellen Bauernstube nicht eine Weile sitzen? Das Gemälde hängt in einem kleinen Vogelsberger Museum, es stammt von dem Bauernsohn Ernst Eimer (1881–1960). Schon als kleiner Bub kannte er nur eine Glückseligkeit: malen und zeichnen. Dafür vergaß er die Kühe, die er hüten sollte und die auf Nachbars Weide grasten – das gab Ärger. Er kassierte Ohrfeigen vom Dorfschullehrer, der Vater titulierte ihn als „unnützen Bengel", „Nichtstuer" und „Faulenzer". Da hieß es: „Morgen früh malen wir mit der Sense!" Nach einer Lehre in der Offenbacher Zentralgenossenschaft begab sich Ernst Eimer in die Städelschule nach Frankfurt – vergeblich, der Vater holte ihn zurück nach Groß-Eichen. Doch nichts konnte den Talentierten aufhalten, seiner inneren Stimme zu folgen. Nun malte er nachts, und eines Tages stimmte der Vater doch einer Ausbildung in der Karlsruher Kunstakademie zu. Nanu? Der Sohn hatte für eine gemalte Kuh mehr Geld als der Vater für den Verkauf einer echten erhalten!

Aus dem Bauernbub wurde ein erfolgreicher Heimatkünstler, der sich 1911 in seinem Herkunftsdorf ein Landhaus mit Atelier bauen ließ. Seine Werke wurden in München, Venedig und anderen Großstädten ausgestellt, Magazine wie *Die Gartenlaube* und *Berliner Illustrierte Zeitung* druckten sie ab, und sie zierten Schokoladen- und Waschmittel-Reklame.

TIPP Sehenswert ist auch die große Dauerausstellung Gemaltes Hessen im Freilichtmuseum Hessenpark.

Ernst Eimer machte sich auch einen Namen als Erzähler von Geschichten und Märchen für Kinder. Darin und in den Ölgemälden und Radierungen ließ er die Eindrücke seiner Jugend aufleben. Eimers Werke bilden die harte Arbeitswelt einstigen Landlebens ab, ohne Kanalisation, Traktoren, Strom und Fließendwasser, aber mit Backhaus, Spinnstuben, Tischgebet. Seine Modelle sind Dengler, Spinnerinnen, Ährenleserinnen, Walzbrüder, Kräutersammler, Gänseliesel, Kinder mit Puppen und Flöten, Frauen bei der Kartoffelernte, Bauern mit Kuhgespann, Musikanten auf der Kirmes, Kartenspieler. Dank dieser reichen Motivpalette finden wir heute noch den Zugang zu einer verschwundenen Welt.

⊙ Ernst-Eimer-Stube im Pfarrhaus, Lohgasse 11, 35325 Mücke-Groß-Eichen
www.ernst-eimer.de
⊙ ÖPNV: Vogelsbergbahn bis Bahnhof Mücke, dann diverse Busse und Anruf-Linien-Taxi VB-76

Gott zog um, die Kirche blieb

 Die Kulturkirche in Cölbe-Bürgeln

Bürgeln liegt am Roten Wasser, einem Bächlein, das in die Ohm mündet, kurz bevor diese sich in die Lahn ergießt. Das mit gepflegten Fachwerkhäusern allerliebste Dorf nordöstlich von Marburg kann sich mit der Geschichte der Gemäuer am dortigen Schlossberg durchaus messen. Als Elisabeth von Thüringen, die Marburg als Heilige berühmt machen sollte, 1207 als ungarische Prinzessin geboren wurde, stand in Bürgeln schon seit einem Jahrhundert eine romanische Kapelle. Reste davon stecken noch in der jetzigen Alten Kirche: Das Mauerwerk der Nordwand enthält Elemente, zwei Fenster stammen aus dem 11. Jahrhundert und ein zugemauertes drittes vielleicht auch.

Die Dorfkirche mit dem Fachwerkaufbau aus der Barockzeit erzählt gut 900 Jahre Baugeschichte: romanische Fenster, gotischer Kastenchor, Kanzel und Walmdach mit Dachreiter aus der Barockzeit, spätbarocke Rankenmalereien und gemalte moralische Bibelsprüche aus der Zeit um 1780 im Kirchenschiff. Auf der Barockempore verfolgte die Patronatsfamilie den Gottesdienst. Die 1970er-Jahre dann drängten in einen neuen Zeitgeist: Die evangelische Gemeinde baute ein größeres Kirchenzentrum und nahm den Taufstein von 1592 und das Kruzifix von 1694 mit. Die Alte Kirche hatte ausgedient und wurde der Abrissbirne geweiht!

TIPP Bio-Buffets, Bäckerei und Käserei bietet die Suchthilfe Hof Fleckenbühl. www.die-fleckenbühler.de

Rettung kam von engagierten Marburgern und Menschen aus der Region, die einen Förderkreis gründeten und das Gotteshaus in eine Kulturkirche umwidmeten, deren Konzept inzwischen der Kulturverein Alte Kirche Bürgeln fortführt. Konzerte, Kunstausstellungen, Kabarett, Vorträge. Auf diese Weise zog Gott zwar um, die Kirche aber blieb im Dorf. Den großen Kirchgarten pflegten Nachbarn und Grundschüler. Das ging so bis 2019, dann war für eine Weile Schluss mit Kultur: Wegen erheblicher Feuchteschäden, tiefer Risse und herabbröckelnder Putzstücke erklärte die Deutsche Stiftung Denkmalschutz die Kirche zum Denkmal in Not und rief zu Spenden auf. Mit Erfolg: Bald schon wird die Alte Kirche in Bürgelns Mitte wieder glänzen.

Kulturkirche Bürgeln, An der Alten Kirche 8, 35091 Cölbe-Bürgeln
www.buergeln.de
ÖPNV: RB bis Bahnhof Bürgeln; Bus 72, Haltestelle Rennweg

Ritzbilder im Gefache

 42 *Die Kratzputzkunst in Dautphetal-Holzhausen*

„Wer will bauen an die Gassen der muss sich manchmahl foppen lassen von vielen die vor über gehen die das bauen nicht verstehen". Die in weißer Farbe auf einen Balken eines liebevoll restaurierten Wohnhauses von 1798 gepinselten Schriftzeichen ermahnen Passanten, sich mit kritischen Kommentaren zurückzuhalten. Eine Rüge, die heutzutage ins Leere läuft. Wer durch dieses Dorf schlendert, wird an jeder Ecke verwundert stehen bleiben und sich fragen, ob man versehentlich ins Freilichtmuseum Hessenpark gebeamt wurde, in dem mehr als 100 abgetragene Fachwerkhäuser aus ganz Hessen wiederaufgebaut wurden. Nein, wir befinden uns im realen Kratzputzdorf Holzhausen am Hünstein im Oberen Lahntal, in dem nicht nur Dutzende schön restaurierter Fachwerkhäuser stehen, sondern besonders wertvolle Beispiele der einst für die Marburger Region typischen Gestaltung verputzter Gefache.

Die Kunst des Kratzputzes setzte dann ein, wenn die Zimmerleute ihr Werk vollendet hatten und die Maurer begannen, die freien Flächen zwischen den Eichenbalken (in neuerer Zeit auch Fichtenbalken) mit Lehm und Mörtel zu verputzen. Mit Gerstenspreu, später auch mit Kuhhaaren und Schweineborsten wurde die Mörtelschicht verdichtet und gegen Aufreißen gesichert. Wenn der Rand des Gefaches als Schutz gegen Regenwasser mit einem Mörteleisen glatt gestrichen war, konnte der Handwerker mit einem löffelartigen Eisen Verzierungen in den Putz pressen:

TIPP *Auch das fünf Kilometer entfernte Dautphetal-Herzhausen ist ein schönes Kratzputzdorf.*

Blumen und andere Pflanzen, heraldische Figuren, geometrische Formen, Tiere – zum Beispiel einen Storch oder einen Hirsch.

Die Putz-Ritzzeichnung entspringt einer uralten Technik, die den Putz dehnbar halten sollte. Am Magdeburger Dom entdeckte man vor einigen Jahren bei Sanierungsarbeiten 750 Jahre alte Ritzkunst. Die hessischen Handwerker kannten solche Vorbilder vermutlich gar nicht. Die meisten arbeiteten freihändig ohne künstlerische Vorlagen.

⊙ **Kratzputzkunst, 35232 Dautphetal-Holzhausen**
www.dautphetal.de
⊙ **ÖPNV: Von Gladenbach Bus MR 40, Haltestelle Holzhausen Talstraße**

Der Zimmer Meiſter iſt geweſen Heinrich Blöcher von Niete

Romantisches Grün-Denkmal

43 *Der Gail'sche Park in Biebertal-Rodheim-Bieber*

Eines der kleinsten Museen des Landes Hessen befindet sich in einem Uhrenturm genannten Ziegelpavillon im Gail'schen Park von Rodheim-Bieber; es dokumentiert die Geschichte der Rauchtabakfabrik Gail. Der Name Georg Philipp Gail genießt im Gießener Raum ein hohes historisches Ansehen. Gail, in dessen Geburtsort Dillenburg das von Napoleon erlassene französische Tabakmonopol herrschte, wich deshalb nach Gießen aus, wo er 1812 eine Fabrik für Pfeifen-, Schnupf- und Kautabak gründete. Mit der 1840 folgenden Gießener Zigarrenfabrik und 1852 der ersten Filialgründung in Rodheim-Bieber weitete Gail das Geschäft erheblich aus. Die Konkurrenz schlief auch nicht, sodass sich das Gießener Land zur führenden deutschen Region der Zigarrenfabrikation entwickelte. Die Heuchelheimer Firma Rinn & Cloos war in den 1920er-Jahren sogar deutscher Marktführer mit zeitweise 5000 Mitarbeitern.

In Rodheim legte der alte Gail einen kleinen Erholungspark an, den Enkel Wilhelm mit Frau Minna im englischen Stil mithilfe des Frankfurter Gartenarchitekten Andreas Weber zu einem romantischen Naturrefugium, einem wahren Glücksort, ausgestaltete. Der

TIPP Der Park kann gegen Gebühr außerhalb der Öffnungszeiten für Fotoshootings gebucht werden.

Aufbau von Blickachsen zwischen der 1896 gebauten Villa, dem Schweizer Haus, dem Uhrenturm, dem Spielhaus und dem mit Birkenholz verkleideten Teichhaus zeugt von gartenkünstlerischer Genialität. Das Teichgewässer, in das eine ausladende Trauerweide ihre Zweige senkt, liegt vertieft mit einem Steilufer im Gelände, eine geschickte Maßnahme, die den Park wesentlich größer erscheinen lässt, als er tatsächlich ist.

Die Schöpfer des Parks hatten eine Vorliebe für Birken und Koniferen, die mit der Zeit verschwanden und durch Kiefern ersetzt wurden. Dennoch stammen zahlreiche Bäume und Gehölze noch aus der ersten Pflanzepoche, und es lassen sich seltene botanische Gewächse entdecken. Dazu zählen ein Mammutbaum, eine Carolinakastanie, eine Schirmtanne, eine Korkulme und eine eichenblättrige Haselnuss.

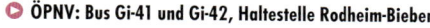

● Gail'scher Park, Gießener Straße/Am Schindwasen, 35444 Bieberteil-Rodheim
www.gailscherpark.de
● ÖPNV: Bus Gi-41 und Gi-42, Haltestelle Rodheim-Bieber

Tanz in den Himmel

 44 *Die uralte Linde in Kirchhain-Himmelsberg*

Mitte Juni. Der süßliche Duft Hunderter Lindenblüten umfängt die Sinne von Weitem schon. Das Naturdenkmal der „tausendjährigen" Tanz- und Gerichtslinde ist ein bekanntes Wahrzeichen dieses Dorfes in Hanglage am Rande des Burgwaldes, dem größten zusammenhängenden Waldgebiet Deutschlands. Von hier aus blickt man weit über das Amöneburger Becken in den Vogelsberg.

Bis 1803 gehörte der Ort zum Kurfürstentum Mainz, alle Einwohner waren bis 1861 römisch-katholischen Glaubens. Eine Ausnahme bildete der Zeitraum 1526 bis 1608. Der Reformations-Pionier Landgraf Philipp I. der Großmütige war Luther-Anhänger und verordnete seinem Herrschaftsgebiet den Protestantismus. Aus dieser Zwangsreligion wurden die ursprünglich kurfürstlichen Dörfer erst durch einen Vertrag erlöst, den der Mainzer Bischof mit Philipps Enkel Landgraf Moritz schloss. Bis heute ist die Himmelsberger Bevölkerung mehrheitlich katholisch und besucht die große neugotische Kirche St. Nikolaus direkt neben der Tanzlinde. Die Himmelsberger Fronleichnamsprozession ist einer der beliebtesten religiösen Festzüge im Landkreis Marburg-Biedenkopf, ein Event, für das alle Gärten und Zäune schön hergerichtet und geschmückt werden.

TIPP Das Kirchhainer Fachwerk-Rathaus mit Wendeltreppenturm stammt aus dem 16. Jahrhundert.

Die 28 Meter hohe Sommerlinde auf dem Kirchvorplatz überragt den historischen Dorfkern, ihr Stamm umfasst neun Meter bei einem Durchmesser von annähernd drei Metern und einem Kronenumfang von 24 Metern. Ein Koloss, der vermutlich zur Dorfgründung 1243 gepflanzt wurde. Das genaue Alter der Linde lässt sich nicht ermitteln, da sie innen hohl ist und viele Jahresringe verlor. Ein Stahl-Holz-Gestell und Stahlseile stützen Äste auf zwei Ebenen. Sandsteinquader verhindern, dass Fahrzeuge über den Brechsand rollen können und dabei die Baumwurzeln schädigen. Unter der Tanzlinde feierte man einst Kirchweih und Fastnacht, man tanzte auf einem Holzgerüst, das in das Geäst in zwei bis drei Metern Höhe eingepasst wurde. Als Dorftreff bleibt der Baum weiterhin unverzichtbar für Alt und Jung.

An der Linde, 35274 Kirchhain-Himmelsberg
www.himmelsberg.net, www.kirchhain.de
ÖPNV: RB bis Bahnhof Kirchhain, dann Anruf-Sammel-Taxi AST 77, Haltestelle Himmelsberg

Wo sich die Hummeln tummeln

 45 *Die Bergmähwiesen der Herchenhainer Höhe*

Bergmähwiesen – das klingt nach Allgäu und Voralpenland. In der Tat: Der klimatisch raue Hohe Vogelsberg ist das Allgäu Hessens. Das größte zusammenhängende Basaltmassiv Mitteleuropas wird von vielen Quellen und Gewässern, Buchenmischwäldern, Hecken und gebirgigen Wiesen bedeckt. Die Bergmähwiesen der Herchenhainer Höhe verfügen über eine Artenvielfalt, die sie zu einem der wertvollsten Naturräume in der Mitte des Kontinents erhebt – Blumen, Kräuter, Gräser, Schmetterlinge, Heuschrecken, Bienen, Hummeln und viele Dutzend weitere Insekten. Botaniker nennen die gefährdeten Flächen deshalb gern Goldhaferwiesen nach einer typischen Grasart.

Dabei dürfen die Wiesen nicht etwa dem Zufallsspiel der Natur überlassen werden, im Gegenteil, es handelt sich um eine Kulturlandschaft, in die der Mensch eingreift. Ganz entscheidend für ein möglichst breit gefächertes Artenspektrum ist die Mahd. Zu früh, zu viel gemäht? Nicht ausgereifte Pflanzen verkümmern. Zu spät oder gar nicht? Kräftige Pflanzen verdrängen schwächere, die Vielfalt schrumpft. Unverzichtbar ist auch die „Arbeit" von Weidetieren. Artenreicher Magerrasen lebt von der extensiven Beweidung durch Rinder, Schafe und Ziegen. Genau wie Heide „altert" Magerrasen, je mehr Nährstoffe er anreichert, so paradox es klingt. Schafe fressen genüsslich das leckere Gras und entziehen ihm dadurch die Nährstoffe. Wenn seltene Kräuter und Blühpflanzen verkümmern, verschwinden auch Insekten und Vögel. Grünlandbrüter wie der Kiebitz oder die Bekassine brauchen Zeit zum Brüten, und Raupen sind Gourmets, fressen nur bestimmte Pflanzen.

TIPP 15 km hindernisfreie Longboardstrecke von Hartmannshain bis Gedern. www.longboardstrecken.de/in/hessen

Der neun Kilometer lange Bergmähwiesenpfad auf der Herchenhainer Höhe ist ein Rundweg mit moderaten Steigungen, den auch Kinder gut bewältigen. Am Wegrand informieren acht Stelen mit QR-Codes über Mahd, Beweidung, Artenvielfalt und vieles mehr. An klaren Tagen genießt man eine herrliche Aussicht auf die Vogelsberger Landschaft, manchmal gar bis zu den Frankfurter Wolkenkratzern in der Ferne.

● Herchenhainer Höhe, 36355 Grebenhain-Herchenhain
www.bergmähwiesen.de, www.grebenhain.de
● ÖPNV: Bus 391 und Vulkan-Express VB 94, Haltestelle Herchenhain

Brauhaus & Brunnenhaus

 46 *Der Winterplatz in Grünberg*

In der historischen Altstadt von Grünberg, genauer gesagt auf dem Winterplatz, steht ein altes Brauhaus aus dem 18. Jahrhundert. Das lang gestreckte, mit hohem Mansardendach und mit blau gestrichenen Fensterläden heimelig wirkende Gebäude ist eine der Top-Adressen für standesamtliche Trauungen im Landkreis Gießen. Seit sich Lich, Hungen, Grünberg, Laubach und Reiskirchen zu einem gemeinsamen Standesamtsbezirk vereint haben, erleiden Verlobte die Qual der Wahl unter vielen illustren Trau-Orten. Im Licher Rathaus, Busecker Schloss, Backhaus Gonterskirchen, Turmverlies Lich, Burg Gleiberg, Rittersaal im Hofgut Friedelhausen? Das Kulturdenkmal Grünberger Brauhaus liegt im Wunschranking auf einem vorderen Platz und ist auch bei auswärtigen Hochzeitsgesellschaften beliebt. Hauptsache romantisch und alte Gemäuer! Zur romantischen Anmutung trägt der große Brunnen auf dem Hofplatz bei, auf dessen Säule ein Löwe hockt.

Hinter dem Winterplatz endet die Straße unvermittelt, das Gelände fällt abrupt ab in die Tiefe des wildromantischen Brunnentales, durch das

TIPP *Vom 25 Meter hohen Diebsturm aus, einem Wahrzeichen Grünbergs, hat man eine tolle Aussicht.*

sich der Äschersbach wühlt, ein Zufluss der Wetter. Dies ist der grüne Berg, dem Grünberg wohl seinen Namen verdankt. Über Pfade geht es 60 Meter weit nach unten in eine Naherholungszone, eine unerwartete Wendung eines Stadtrundgangs. Kurz vor diesem überraschenden Tiefgang beachte man am Winterplatz das Brunnenhäuschen auf dem Berg, ein einfaches Häuschen aus Bruchsteinen. Dieses schmale Ding wurde erstmals 1560 erwähnt. Demnach stand an dieser Stelle schon seit 1419 ein Holzhäuschen, in dem Wasser gesammelt und durch ein Röhrensystem zu den städtischen Brunnen weitergeleitet wurde. Das Steinhäuschen übernahm diese Verteilfunktion, es ist ein Überbleibsel der Wasserkunst im Brunnental. Quellwasser aus unterirdischen Basaltspalten sammelte sich in zwei Teichen und wurde mit einer Druckwasserleitung in das Häuschen auf dem Berg hochgepumpt. So kam die Stadt zu frischem Trinkwasser.

⊙ **Altes Brauhaus und Brunnenhäuschen, Winterplatz 4 und 6, 35305 Grünberg**
www.gruenberg.de
⊙ **ÖPNV: RB bis Bahnhof Grünberg**

Kanonenbahn & Bieberlieschen

 47 *Alter Bahnhof Heuchelheim-Kinzenbach*

Ein lauer Frühlingsabend oberhalb der Lahnauen. Bis auf das Klacken der Boulekugeln von Feierabendspielern in der Nähe ist es still am stattlichen Bahnhof Kinzenbach. Zu still. Grünpflanzen in einer alten Blechtränke. Ein Schild an der Klinkerwand verweist zu den Großgeräten. Ein anderes baumelt am Vordach unter der geschieferten Fassade: Heimatmuseum. Ausgediente Signale an der Hausecke: HALT Rangier- oder Sperrfahrt. Auf den überwucherten Gleisen dahinter fristen zwei knallrote Schienenbusse aus den 1970er-Jahren einen musealen Ruhestand. Dabei war hier mal richtig was los.

Das Ende des Deutsch-Österreichischen Krieges 1866 verschaffte Preußen neue Territorien: Hannover, Hessen-Kassel, Nassau; der 1870/71er-Krieg auch Elsass-Lothringen. Nun bot sich eine militärisch-strategische Chance für den Bau einer Bahnstrecke von der russischen zur französischen Grenze. Das war die Geburtsstunde der Kanonenbahn von Wetzlar nach Lollar als Teilstrecke der Linie Berlin–Metz mit dem 1878 eingeweihten Bahnhof im Dörfchen Kinzenbach.

TIPP *Das Heimatmuseum zeigt anschaulich die Entwicklung eines Bauerndorfes zum Industriestandort.* Die militärische Idee erwies sich als Flop, dafür umso segensreicher die Teilstrecke für Mittelhessen. Regionale Industriebetriebe – Dampfziegelei, Kalkbrennerei, Sägewerk, Zementfabriken – waren nun für Arbeitskräfte aus dem Umland erreichbar. Vor allem die Bergwerke im Biebertal profitierten: Sie verluden das geförderte Erz an den Bahnhöfen Kinzenbach und Gießen. 1885 rumpelten von Bieber täglich etwa 350 Zugtiere mit Wagen zu den Bahnhöfen. Später wurde das Erz mit der Biebertalbahn auf Schmalspuren bis zur Kanonenbahn transportiert.

Mit dem Bieberlieschen, wie der Zug im Volksmund hieß, konnten die Heuchelheimer nach Gießen fahren – bis 1952. Die Kanonenbahn ihrerseits transportierte bis Mai 1980 täglich Hunderte Arbeiter zur Schwerindustrie nach Lollar und Wetzlar sowie zur Optikfirma Leitz. Die Verlagerung auf die Straße erfolgte „ratenweise" bis 1990. Ende einer Ära. Ein Modell der Kanonenbahn befindet sich im Heimatmuseum.

▶ **Alter Bahnhof, Heimatmuseum Heuchelheim, Bahnhofstraße 30, 35452 Heuchelheim-Kinzenbach**
www.heimatmuseum-heuchelheim.de
▶ **ÖPNV: Bus 24, Haltestelle Heuchelheim-Kinzenbach.**

Kraniche & Kröten

48 *Die Horloffaue bei Hungen-Utphe*

„Guck mal, zwei Kraniche", flüstert jemand ehrfürchtig. Zwei? Hunderte. Mit Ferngläsern bewaffnet stehen wir auf einem der Beobachtungshügel am Unteren Knappensee im Naturschutzgebiet Mittlere Horloffaue. Ein Nachmittag Anfang November – eigentlich keine gute Uhrzeit. Ornithologen sind Frühaufsteher. Zum Sonnenaufgang piepst, schnattert, pickt, taucht, paddelt, flattert und schwirrt es nur so, dass es eine Freude ist. Kraniche aber folgen einem anderen Rhythmus auf ihrer Reise in die Winterquartiere Südeuropas. Sie starten frühmorgens an der Ostsee und überfliegen Hessen mit 50 bis 70 Stundenkilometern meist am Nachmittag oder frühen Abend. Kraniche werden als Glücksvögel bezeichnet, vielleicht, weil ihre lauten Trompetenschreie den Frühling lange vor seinem realen Eintreffen ankündigen. Wer blickt nicht lächelnd gen Himmel auf, wenn die Könige der Lüfte zu Tausenden und Abertausenden vorbeiziehen? Im Herbst schaut man ihnen eher wehmütig nach, ein ungemütlicher Winter erwartet uns, während die Luftnomaden sich in wärmeren Gefilden tummeln. Bei schlechtem Wetter rasten sie gelegentlich ein paar Stunden in den hessischen Feuchtgebieten, eine Chance, sie näher zu beobachten.

TIPP An der Hungener Käsescheune startet der Wanderweg *Auf Schäfers Spuren* (11,9 km) mit Infotafeln.

Mit Salzwiesen, Nassbrachen, Röhrichten, Gräben, einem Flüsschen mit Ufergehölzen, Grünland unterschiedlicher Feuchtegrade und dem Unteren Knappensee ist die Horloffaue ein Paradies für Enten aller Art, Seetaucher, Fischadler und viele Limikolenarten, die brüten, mausern, rasten oder überwintern. Amphibien wie der Laubfrosch, die Wechselkröte, Libellen und diverse Käfer sind ebenso heimisch.

Der Untere Knappensee – der südlichste der drei Seen bei Inheiden, Trais-Horloff und Utphe – war der erste Restlochsee im deutschen Braunkohletagebau, der schon in den 1970er-Jahren als künftiges Naturschutzgebiet ausgewiesen wurde. Damals war eine solche Zukunftsvision eine Sensation, denn der Bergbau- und Energiekonzern Preußen Elektra begann gerade erst, die Braunkohle in der Horloffsenke abzubauen.

○ Mittlere Horloffaue, Beobachtungshütten zu Fuß vom Parkplatz Am Heegweg, 35410 Hungen-Utphe und am Wirtschaftsweg zwischen Utphe und Unter-Widdersheim
○ ÖPNV: Bus 363, Haltestelle Utphe Sportplatz, kurzer Fußweg

Von Gold & gutem Geschmack

 49 *Der Limburger Domschatz*

Die Staurothek ist das wertvollste Stück des Domschatzes im Limburger Diözesanmuseum. Staurothek bedeutet Lade oder Kasten für das Kreuz. Es handelt sich um ein byzantinisches Kreuzreliquiar des 10. Jahrhunderts, in das ein Splitter des originären Golgatha-Kreuzes eingearbeitet worden sein soll. Verbürgt ist, dass die Staurothek neben dem goldenen Altarbild *Pala d'oro* im Markusdom von Venedig die bedeutendste erhaltene byzantinische Goldschmiedearbeit überhaupt darstellt. Auch die anderen Exponate, die in der abgedunkelten Schatzkammer hinter massiver Tür und dicken Mauern in den Vitrinen glänzen und glitzern, lassen die Besucher vor Ehrfurcht flüstern, darunter ein in Gold gehüllter Petrusstab aus der Spätantike.

Mittlerweile integrierte das Bistum den Dienst- und Wohnsitz des ehemaligen Bischofs Franz-Peter Tebartz-van Elst in das Museum, eine weise Entscheidung. Er musste infolge eines Skandals um die mit 31 Millionen Euro weit überplanmäßigen Baukosten zurücktreten. Die Luxusbadewanne beschäftigte monatelang die Boulevardpresse, und das Bistum verlor viele Kirchenmitglieder. Allerdings spricht niemand

TIPP *Das östliche Chorfenster der Sankt-Anna-Kirche aus dem 14. Jahrhundert zeigt 18 Bibelszenen.*

darüber, dass die Kostenexplosion nicht der Badewanne, sondern eher den archäologischen Erhaltungsarbeiten im Baugrund und an der Stadtmauer sowie der Sanierung des einsturzgefährdeten Fachwerkbaus Alte Vikarie im Ensemble des Diözesanen Zentrums Sankt Nikolaus geschuldet war.

In den hellen, mit hochwertigen Naturmaterialien alles andere als protzig gestalteten Räumen kommt die ausgestellte Sakralkunst zu starker Geltung. Man kann Tebartz-van Elst manches vorwerfen, aber er und sein Architekt bewiesen Geschmack, indem sie die Kirchengelder in Design anlegten. Betritt man schließlich die lichtdurchflutete Privatkapelle *Sankt Maria mit den Aposteln im Abendmahlssaal,* deren abweisend wirkende Basaltfassade in jeder Zeitung als Symbol verborgenen Luxuslebens abgebildet war, wird man von der harmonischen Stimmung des schlichten Raumes überwältigt und ganz still.

> ▶ Diözesanmuseum Limburg und Domschatz (Staurothek), Domstraße 12, 65549 Limburg
> ▶ ÖPNV: RB bis Bahnhof Limburg

Glücklich wie in Versailles

 Weilburger Schloss und Schlossgarten

Weilburg ist eine eigene Reise wert. Über einer ausladend geschwungenen Lahnschleife liegt die Stadt auf einem schmalen Bergsporn, eine geschlossene Kleinresidenz, wie es sie in Hessen kein zweites Mal gibt. Die gesamte Schlossanlage bedeckt die Hälfte der Altstadt. Zunächst entstand eine Vierflügelanlage im Renaissancestil. Die eigentlichen Schöpfer der Residenz waren Graf Johann Ernst von Nassau-Weilburg und sein Baumeister Julius Ludwig Rothweil; sie vollendeten sie ab 1702 mit barocken Anbauten, Schlosskirche und Gärten. Die Residenz wurde bereits 1737 nach Kirchheimbonlanden in der Pfalz verlegt, aber das Schlossensemble blieb bis 1935 im Familienbesitz. Aus der Weilburger Linie des weit verzweigten Adelsgeschlechts der Nassauer stammten ab 1806 die Regenten des von Napoleon geschaffenen Herzogtums Nassau mit Residenz in Wiesbaden, und Adolf von Nassau erbte 1892 das Großherzogtum Luxemburg.

Eine Führung durch die prachtvoll möblierten Räume des Schlosses mit Tapeten aus berühmten Manufakturen sollte man sich keinesfalls entgehen lassen. Dass sich dort auffallend viele gusseiserne Öfen befinden, hat etwas mit der Industriegeschichte der Region zu tun.

TIPP Die Internationalen Musikfestspiele Weilburger Schlosskonzerte prägen die sommerliche Stadtkultur. www.weilburger-schlosskonzerte.de

Das Nassauer Land und das mittlere Lahngebiet waren bedeutende Standorte des Eisen- und Edelmetall-Bergbaus. Der letzte der zahlreichen Hochöfen in Mittelhessen erlosch 1981 in der Wetzlarer Sophienhütte.

Für die dreiterrassige Gestaltung des Weilburger Schlossgartens orientierte sich Rothweil zusammen mit Hofgärtner François Lemaire an der Orangerie des französischen Königsschlosses Versailles. Riesige Blut- und Hainbuchen breiten ihre Äste vor einer vergoldeten gusseisernen Balustrade aus, auf deren Marmorpostamenten überdimensionale Deckelvasen platziert wurden. Ein Lindenboskett, auch Lindensaal genannt, bildet großflächig ein Schatten spendendes Dach. Die nächste Terrasse liegt vor der streng symmetrischen Fassade der Unteren Orangerie, von da gelangt man fünf weitere Höhenmeter hinab auf die Parterre-Terrasse.

🔾 Schloss und Schlossgarten Weilburg und Tourist-Information, Schlossplatz, 35781 Weilburg
www.weilburg.de
🔾 ÖPNV: RB bis Bahnhof Weilburg

Schutz & Spaß

 51 *Der Aartalsee bei Bischoffen und Hohenahr*

Der Aartalstausee ist nach dem Edersee das zweitgrößte Gewässer Hessens. Der See ist relativ flach und schnell erwärmt. Kaum ein Wassersport, den man nicht auf ihm ausüben könnte – Segeln, Rudern, Surfen, Paddling, Schwimmen unter Aufsicht der DLRG – und Angeln. Im Badesektor bei Niederweidbach gibt es Sandstrand und Liegewiese, kostenpflichtige Parkplätze für 600 Autos, einen kleinen Wohnmobilplatz, Restaurants, Cafés und ein Hotel. Um den See führt ein 7,5 Kilometer langer Rundweg, der zum Wandern, Joggen, Radeln und Inlineskaten einlädt. Wem die Strecke zu kurz ist, der erwandere den 12 Kilometer langen Aartalsee-Panoramaweg auf der nördlichen Seeseite.

Das Naturschutzgebiet Aartalsperre bei Mudersbach im südöstlichen Teil des Gewässers mit zahlreichen Inseln ist ein wichtiges Brutgebiet für viele Vogelarten. Im Naturschutzgebiet Wacholderheide bei Ahrdt auf der Südseite entfalten sich Besenheide und Wacholder, nisten Grünspecht und Neuntöter. Hier weideten jahrhundertelang Schafe und Ziegen, wodurch sich eine besondere Heidevegetation bildete.

TIPP *Alternativ: Heisterberger Weiher mit Campingplatz, Aqua Fun Park und Westerwald-Idyll (12 km von Herborn).*

Neben Naherholung und Naturschutz dient die Aartalsperre vorrangig dem Hochwasserschutz eines großen Einzugsgebiets von 42 Ortschaften der Gemeinden Bischoffen, Hohenahr, Mittenaar, Siegbach, Bad Endbach und Gladenbach. Das Dillgebiet erlitt einst verheerende Hochwasserschäden, allein im 20. Jahrhundert gab es fünf große Überschwemmungen, die letzte von 1984 überflutete sogar die malerische Fachwerkstadt Herborn komplett und verursachte Millionenschäden. Nach sechs Jahren Bauzeit eines 270 Meter langen, 14 Meter hohen Staudamms wurde die Anlage 1992 in Betrieb genommen, die das Tal der Aar, einen Nebenfluss der Dill, absperrt, außerdem Strom erzeugt und Niedrigwasser ausgleicht. Zwei kleinere Dämme schützen Ahrdt und Mudersbach vor Überflutung. Anders als am Edersee, wo in trockenen Sommern Ruinen aus den Fluten auftauchen, mussten an der Aar keine Siedlungen weichen.

▶ **Badestelle und Wohnmobilplatz Aartalsee, 35649 Bischoffen und 35644 Hohenahr**
www.bischoffen.de, www.hohenahr.de
▶ **ÖPNV: Von Herborn Bus 403, Haltestelle Mittenaar-Offenbach, dann Bus 402, Haltestelle Niederweidbach am See**

Bergstadt auf Basalt

 52 *Der Mauerrundweg von Amöneburg*

Einsam erhebt sich ein gestufter Basaltkegel, an dessen Steilwänden noch Säulen dieses vulkanischen Gesteins emporragen, über eine ebene Beckenlandschaft östlich von Marburg, mit 130 Quadratkilometern eine der größten zusammenhängenden Ackerflächen Hessens. Die Amöneburg ist dank ihrer Lage, Geschichte und heutigen Gestalt ein ganz besonders sehenswertes und romantisches Kleinstädtchen. Der Hügel, auf dem der Missionar Bonifatius 721 ein Kloster gründete, offenbart steinzeitliche Siedlungsspuren und war vermutlich einst ein keltisches Oppidum. Der Berg ist das zweitälteste Naturschutzgebiet Hessens (seit 1927) und wird von einem Naturlehrpfad und allerlei Wanderwegen erschlossen.

Eine Burgruine der Mainzer Erzbischöfe, eine neugotische Basilika, Befestigungsreste der Wenigenburg, ein historisches Rathaus, ein altes Brauhaus mit Museum, enge Gassen, in denen sich schlichte Fachwerkhäuser drängen, und ein renommiertes altsprachliches Gymnasium – einige Details, deren Ensemble den Charme dieses alten religiös-politischen Zentrums ausmachen. Das Plateau des Marktplatzes bildet das Herzstück

TIPP *750 Jahre Mühlengeschichte vermittelt die aktive Brücker Mühle mit Naturkostladen und Bewirtung.*

des mit etwa 1500 (von insgesamt 5100) Einwohnern eher kleinen Kernortes, zu dem sich mit Roßdorf, Mardorf, Rüdigheim und Erfurtshausen nicht weniger idyllische Stadtteile gesellen. Im protestantischen Herrschaftsgebiet der hessischen Landgrafen behielt Kurmainz einige Exklaven, dazu zählten Amöneburg und einige Dörfer des Marburger Landes mit bis heute mehrheitlich katholischer Bevölkerung. Ab 1803 gehörte Amöneburg skurrilerweise mit anderen Mainzer Exklaven zum Fürstentum Fritzlar, was sich 1866 mit der Annexion der Landgrafenschaft Hessen-Kassel durch Preußen dann erledigte.

Ein Mauerrundweg geleitet die Spaziergänger entlang der gut erhaltenen spätgotischen Ringmauer mit Schießscharten, die mit halbrunden Schalentürmen einen Zwinger umfasst. Die Fernsicht ins Marburger Land und in den Vogelsberg ist umwerfend, Dutzende Dörfer lassen sich bei klarem Wetter identifizieren.

▶ Mauerrundweg, 35287 Amöneburg
www.amoeneburg.de
▶ ÖPNV: RB bis Bahnhof Kirchhain, dann Bus 82, Haltestelle Amöneburg Ritterstraße

Fahrt ins Blaue

Die Leinblüte in Schwalmtal-Storndorf

An diesem herrlichen Junisonntag kurz vor der Sommersonnenwende trägt Peter Hamel ein kragenloses, blütenweißes Leinenhemd, langärmelig mit Bündchen, etwas old fashioned und passend zum Tagesthema. Auf dem Storndorfer Hof, den der Landwirt und promovierte Agrarwissenschaftler in achter Generation betreibt, einerseits wie seine Ahnen ohne Chemie, andererseits mit experimenteller Fantasie und engagiert klimabewusst, versammelt sich gerade ein Trüppchen zur Fahrt ins Blaue. Hamel steuert einen uralten Bulldog mit Hänger, auf dem die Gäste auf Strohballen hocken, über rumpelige Feldwege zu seinen Leinfeldern. Weit erstreckt sich ein blaues Blütenmeer, leise hin und her wogend, aus der Zeit gefallen. Der Lein blüht kurz, etwa acht bis zehn Tage, und zwar nur morgens und nur einmal pro Kapsel einer jeden Pflanze. Ab dem frühen Nachmittag wirft sie ihre Blütenblätter ab, ein eindrucksvolles Schauspiel, aus dem sich der übertragene Sinn einer Fahrt ins Blaue (ins Ungewisse) ableitet: Kommt der Bursche mit seiner Liebsten spät am blauseligen Feld an, mag die Herrlichkeit vorüber sein und die enttäuschte Herzensdame echauffiert sich nicht mehr vor Glück.

TIPP Alles zu Leinöl, Farbe, Kitt und Holzschutz weiß Tischler Johannes Mosler im Leinölladen Hadamar.

Lein und Flachs sind übrigens dasselbe, als Flachs bezeichnete man den Rohstoff für die Textilverarbeitung mit Spinnrädern und Webstühlen, um 1850 noch sehr verbreitet, dann aber abgelöst von industriell verwertbarer Baumwolle. Eine vergessene Technik. Hamel erntet etwa 30 Zentner braune Leinkörner pro Hektar, verarbeitet sie zu Leinöl und verkauft dieses wie auch Rohmilchkäse und andere hochwertige Erzeugnisse direkt ab Hof und an Gasthäuser wie etwa den Jägerhof in Lauterbach-Maar. Lein ist gesund, das Getreide mit dem höchsten Gehalt an Omega-3-Fettsäuren. Was kann man mit Leinöl tun? Bäuerin und Diplom-Ökotrophologin Sabine Scheurlen-Hamel erklärt es: Leinsamen für die Verdauung; Leinmehl bei Glutenunverträglichkeit; kalt gepresstes Leinöl pur an Pellkartoffeln, Quark, Salat. Ein Esslöffel Leinöl am Tag hält die Gefäße jung, stärkt das Gehirn und die Sehkraft der Augen.

> Leinblüte am Omega-3-Bauernhof Hamel, Windhäuser Straße 23, 36318 Schwalmtal-Storndorf

Vom Glück des Lesens

54 *Die neue Marburger Universitätsbibliothek*

Durch das Glasdach schimmert das tiefe Blau des Himmels. In der Stahl-Glas-Fassade des Kalt-Atriums spiegelt sich der Schäferbau, in dem in Vorzeiten der Chef des Botanischen Gartens residierte. Das Terrakottarot der inneren Wand zitiert dessen Sandsteinfarbe, die helle Fassade des Neubaus dagegen kopiert die Färbung der umliegenden Gründerzeitgebäude. Die Universitätsbibliothek ruht wie ein überdimensionaler Tanker mitten in der Marburger Innenstadt, ein öffentlicher Durchgang für alle, die von der Elisabethkirche kommend durch den Alten Botanischen Garten weitergehen möchten. Angelpunkt ist die gläserne Eingangshalle, die den lang gestreckten Neubau diagonal durchschneidet.

Die einladende Schönheit des 120-Millionen-Euro-Komplexes erinnert so manche Marburgerin an ihre Zeit als Wöchnerin, denn genau an der Stelle der mächtigen Bibliothek stand früher die Universitäts-Frauenklinik, in der Tausende Säuglinge das Licht der Welt erblickten. Das Klinikviertel existiert nicht mehr, die Krankenhäuser zogen auf die Lahnberge um. Die Bibliothek bildet das Herzstück des zwölf Hektar großen geistes- und sozialwissenschaftlichen Campus Firmanei zu Füßen der Marburger Oberstadt. Neue Forschungszentren entstehen nach und nach in diesem Areal. Da Marburg eine überschaubare Stadt ist, kommt dies einer kompletten Umstrukturierung der City gleich, die sich bis zur Mensa und den „alten" Uni-Türmen der 1960/70er-Jahre auf der anderen Flussseite hinzieht.

TIPP Handy, Taschen und Mäntel – in dieser Bibliothek ist alles erlaubt!

Die Unibibliothek fügt sich nicht nur baulich in die City ein, sondern bietet den 27.000 Studierenden, den rund 3000 Professoren und wissenschaftlichen Mitarbeitern sowie allen Bürgern neue Möglichkeiten. Auf 18.500 Quadratmetern lagern 3,2 Millionen Medien. 25 Außen- und Institutsbüchereien wurden integriert, nun täglich von 8 bis 24 Uhr nutzbar. Es gibt mehr als 700 Leseplätze, Inseln auf Leseterrassen, Räume für Gruppen- und Stillarbeit, Ruhebänke und Akustiksessel. Glücklich, wer hier studieren darf!

⊙ **Universitätsbibliothek, Deutschhausstraße 9, 35037 Marburg**
www.uni-marburg.de
⊙ **ÖPNV: Diverse Busse, Haltestelle Elisabethkirche**

Wir lieben, was wir tun!

55 *Das Bürgerschloss in Homberg (Ohm)*

Homberg an der Ohm am Rande des Vogelsbergs, 7500 Einwohner in 14 Stadtteilen, sehenswerte Altstadt mit historischem Rathaus, altem Stadtwirtshaus, spätgotischer Friedhofskapelle. Homberg wäre ein verschlafenes Kleinstädtchen wie so viele andere – hätten nicht vor ein paar Jahren „Schlosspatrioten" eine friedliche Revolution angezettelt.

Wenn Fenster ausgehebelt und Rahmen mit Leinöl bestrichen, Balken freigelegt und restauriert werden, wenn Mitte Juli das Ritterlager aufgeschlagen und an Sommersonntagen Kuchen bereitgestellt wird, dann ist der Bürgerverein zugange. Seine Mitglieder erreichten, dass die Stadt Homberg das 40.000 Quadratmeter umfassende Schlossareal erwarb, die Gebäude nach 50-jährigem Leerstand in marodem Zustand, letztmals 1856 umgebaut, der Bergfried vor 400 Jahren von schwedischen Truppen gesprengt, das Gelände verwildert. Die Stadtväter ließen abstimmen, 80 Prozent waren für den Kauf. Seitdem besitzt Homberg ein Bürgerschloss, das unendlich viel Arbeit macht. Aber der Deal galt: Dutzende von „Schlosspatrioten" entfalten für dieses Projekt ehrenamtlich ihre handwerklichen, ökonomischen, künstlerischen, hauswirtschaftlichen und wissenschaftlichen Talente, tun etwas für die Gemeinschaft unter dem Motto: „Wir lieben, was wir tun!"

Hessen ist reich an Schlössern und Burgen, es gibt Hunderte einstige Herrschaftsgemäuer. Wer kümmert sich um dieses Kulturerbe? In manchen Adelssitzen leben familiäre Nachkommen. Sie residieren weniger, als dass sie ihren denkmalgeschützten Besitz als Burgmanager mit findigen Lösungen mühsam dem Verfall entreißen – zum Beispiel im Birsteiner, im Braunfelser, im Eisenbacher Schloss. Manche Anlagen werden staatlich verwaltet – zum Beispiel die Ruine der Burg Münzenberg oder das Renaissanceschloss Weilburg an der Lahn. Das eine oder andere „Haus" fand einen Privatinvestor, der sich aus romantischer Leidenschaft Chateau und Park leistet – zum Beispiel Schloss Sickendorf im Vogelsberg. Nur „Bürgerschlösser" gibt es nicht oft.

TIPP „Schlosspatriotin" Alex Glatthaar führt in Homberg-Appenrod eine Seifenmanufaktur mit Hofladen.

🔵 **Schloss Homberg (Ohm), An der Stadtmauer 12, 35315 Homberg (Ohm)**
www.schlosspatrioten.info
🔵 **ÖPNV: Vom Marburger Südbahnhof Bus 80, vom Bahnhof Kirchhain Bus 82,**
Haltestelle Homberg burghain

Wohltemperierter Klang

 56 *Die Orgel in Freiensteinau-Nieder-Moos*

Ihr Klang steigt aus der Tiefe einer längst vergangenen Epoche herauf, der Zeit des Barock und des Rokoko vor mehr als 250 Jahren, und versetzt die Zuhörer in einen akustischen Rauschzustand. Die 1791 für die neue Nieder-Mooser Kirche konstruierte Oestreich-Orgel blieb nahezu unversehrt erhalten – dank der langjährigen Ebbe im Gemeindesäckel. Selbst die historische wohltemperierte Stimmung des Instruments blieb erhalten. Diese heute größte und wertvollste Orgel Hessens erweckte Alexander Eifler vor mehr als vierzig Jahren aus dem Dornröschenschlaf. Es begann ganz harmlos, er machte Urlaub am Nieder-Mooser See und suchte für diese Zeit ein Übungsinstrument.

Eifler rief den Nieder-Mooser Konzertsommer ins Leben, dessen Künstlerischer Leiter er nach wie vor ist. Mittlerweile treten zwischen Juli und September hochkarätige internationale Ensembles auf, die man sonst nur beim Rheingau Musik Festival oder in der Alten Oper Frankfurt zu hören bekommt: Kammerorchester, Tenöre, Chöre, Brass-Musiker und andere Virtuosen, natürlich auch Organisten. Im Vergleich zu den großen Stadtbühnen sind die Nieder-Mooser Eintrittspreise immer noch moderat. Und wenn sich an den Konzertabenden 700 Parkplätze füllen, ist das Dorf im Ausnahmezustand.

TIPP Ein Publikumsmagnet mit hochkarätiger klassischer Musik sind auch die Lauterbacher Pfingstmusiktage.

Der Orgelprospekt folgt dem Vorbild der Lauterbacher Stadtkirche. Er ist noch ganz im Rokokostil gehalten. Die Oestreich-Orgel enthält klassizistische Elemente. Die Kirche selbst hat ebenfalls einige architektonische Besonderheiten. Beispielsweise trägt der zweigeschossige Turm eine lustige achtseitige und gestelzte Zwiebelhaube, die man eher in der landwirtschaftlich reichen Wetterau vermuten würde als im armen Vogelsberg mit den steinigen Böden. Betritt man die Kirche, wird man erst recht überrascht: Die Sitzreihen sind quer angelegt, Altar und Kanzel stehen an der östlichen Längsseite. Drei Emporen erstrecken sich über die Kurzseiten und die westliche Längsseite. Die Orgel ruht auf der Südempore.

▶ Evangelische Kirche Nieder-Moos, Mittelgasse 5, 36399 Freiensteinau-Nieder-Moos
www.nieder-mooser-konzertsommer.de

Durchs wilde Schwarzbachtal

 57 *Bei Grebenhain-Ilbeshausen-Hochwaldhausen*

Die Gemeinde Grebenhain wurde vom Hessischen Rundfunk zum schönsten Wanderort Hessens gekürt, eine Ehre, die nicht so schnell verjährt. Rund um die 15 Vulkandörfer der 92 Quadratkilometer großen Gemeinde im Hohen Vogelsberg sind mehr als 100 Kilometer Wanderrouten ausgezeichnet. Rundwanderwege tragen illustre Namen wie Frau-Holle-Tour, Felsentour oder Steinkopftour. Die schönsten führen durch den Oberwald des Luftkurortes Ilbeshausen-Hochwaldhausen und durchs Schwarzbachtal. Auch überregionale Wanderstrecken durchqueren das Gebiet, etwa die Tour Vulkanring Vogelsberg und die 172 Kilometer lange Bonifatiusroute von Mainz nach Fulda. Während einer Missionsreise im Jahr 754 wurde der 80-jährige Bonifatius von räuberischen Friesen erschlagen. Ein Schiff brachte den Toten zurück zum Mainzer Bischofssitz, von dort aus wurde der Leichnam in großer Prozession nach Fulda getragen. Der Leichenzug soll über die Disseler Brücke von Ilbeshausen gezogen sein.

Der Vulkanring-Wanderweg umrundet das größte erloschene Vulkanmassiv Mitteleuropas auf 115 Kilometern. Die vielleicht abwechslungsreichste der sechs Tagesetappen führt von Grebenhain-Herchenhain nach Herbstein durch verwunschenes Waldgebiet, das Assoziationen an die ausgesetzten Märchenkinder Hänsel und Gretel weckt. Die klingenden Namen basaltischer Vulkanbrocken wie Spitze Steine, Uhuklippen mit Teufelstisch oder Teufelskanzel entsprangen der Volksfantasie, die auffallende Steinformationen gern mit Sagen und Legenden aller Art belegt, „Spinnereien" langer Winterabende in Spinnstuben.

TIPP *Als Permanenter IVV-Wanderweg ist die Tour Vulkanfelsen im Schwarzbachtal ausgezeichnet.*

Apropos Teufel. Mit 24 Kilometern Strecke etwas anspruchsvoller ist der Historische Rundwanderweg zu den Sehenswürdigkeiten von Grebenhain. Die legendäre Teufelsmühle (Foto) von 1691 im Mühlweg von Ilbes-hausen darf da nicht fehlen, das reich verzierte Fachwerk des Privathauses wurde mit dem Hessischen Denkmalschutzpreis prämiert. Ein gewisser Claes Tuveln hatte es im 16. Jahrhundert als Riedesel'sches Lehen erhalten.

● **Wandergebiet Grebenhain**
www.grebenhain.de, www.ilbeshausen-hochwaldhausen.de

Schäfchen zur Linken ...

58 *In der Schäferstadt Hungen*

„Schäfchen zur Linken, Freude tut winken!" Dies ist eine der liebenswertesten deutschen Volksweisheiten, vermischt mit abergläubischem Augenzwinkern. Tatsächlich freuen sich die meisten Menschen, wenn sie – selten genug – einen Schäfer mit Herde und Hunden übers Land ziehen sehen. Schafe bringen wirklich Glück. Sie sind unverzichtbare Landschaftspfleger und Naturschützer, sie halten Flächen frei, die man nicht maschinell mähen kann, sie verhindern Verbuschung, pflegen artenreiche Biotope, Magerrasenflächen und Streuobstwiesen. Lammfleisch, Schafskäse und Schafwolle sind wichtige Erzeugnisse der Schafhaltung. Das Bundesland Hessen registriert rund 5800 Schaf- und 3100 Ziegenhalter (darunter 100 Haupterwerbsbetriebe und Hüteschäfer), die 165.000 Schafe inklusive Lämmern und knapp 20.000 Ziegen versorgen und züchten.

Wenn alle zwei Jahre zum Sommerende in der Schäferstadt Hungen (im Wechsel mit Kirchhain-Stausebach) das viertägige Hessische Schäferfest mit Schäfermarkt, Festumzug, Schurdemonstrationen stattfindet, strömen die Fans der blökenden Vierbeiner herbei. Und was ist für Kinder und so manchen Erwachsenen das Schönste an diesem Tag?

TIPP In Hungen-Nonnenroth gibt es eine Schäferwagen-Herberge. www.schaeferwagen-nonnenroth.de

Die in niedrigen Ställen ausgestellten Tiere der Rasseschau anzufassen, ihre filzige oder weiche Wolle mit den Fingern zu packen. Sich auf dem Boden niederzulassen, ihnen auf Augenhöhe zu begegnen und ein kreatürliches Gespräch zu beginnen. Dummes Schaf? Mag sein, aber so nett.

In äußerster Spannung geht es beim Leistungshüten mit Altdeutschen Hütehunden zu, viel beachteter Höhepunkt des Festes. Schäfer wie Wilfried Fehl (Foto), die sich bereits bei lokalen Wettbewerben qualifiziert haben, durchlaufen einen einstündigen Parcours, der einen klassischen Hütetag simuliert. Einpferchen, Engweg, Brücke, enges Gehüt, Autoverkehr – nur einige der Anforderungen. Viele Besucher fiebern mit, umkreisen weiträumig das Hütegebiet und können sich nicht satt daran sehen, wie hoch konzentriert und symbiotisch Herr und Hund miteinander verbunden sind, sich mit kleinsten Zeichen verständigend.

⊙ **Schäferstadt Hungen, 35410 Hungen,**
www.hungen.de, www.kaesescheune.de
⊙ **ÖPNV: RB bis Bahnhof Hungen**

Wo Kelten & Franken bauten

 59 *Der Christenberg bei Münchhausen*

Hier oben ist alles massiv, grob, handfest, die Luft ist windig, würzig, frisch, das Ambiente kernig, rau. Intuitiv atmet man alte Geschichte(n). Die Berghöhe drei Kilometer östlich von Münchhausen, der nördlichsten Gemeinde Mittelhessens, war eine bedeutende keltische Siedlungsstätte im hessischen Burgwald. Sie verfügt über einen als Bodenwelle erkennbaren Ringwall aus der Latènezeit 447 bis 200 v. Chr. Franken bauten die Festung Kesterburg mit bis zu sieben Wällen. Im 8. Jahrhundert soll Bonifatius hier gepredigt haben.

Der Christenberg ist ein beliebtes Ausflugsziel. Die einen kommen zum Wandern, die Nächsten möchten die romanisch-gotische Martinskirche besuchen, wieder andere kehren ins Waldgasthaus ein, um auf der Terrasse zu sitzen, deftige Speisen zu verzehren und über die Waldesgipfel bis ins Rothaargebirge zu blicken, während ihre Kinder auf der großen Spielwiese toben. Im alten Küsterhaus betreibt der Verein Förderkreis Christenberg ein Museum mit einer Dauerausstellung über die Kelten und Franken auf dem Gelände. An diesem Höhenplatz kreuzen sich mehrere Wanderwege, dazu zählt die als schönster Wanderweg Deutschlands prämierte Extratour Christenberg, die durch Wollgrasflächen zur Burgruine Mellnau führt.

TIPP 30 Kilometer nordöstlich kann man den Nationalpark Kellerwald-Edersee in Nordhessen erkunden.

Man muss keine kunsthistorischen Kenntnisse haben, um den Baumix der mächtigen Münchhausener Pfarrkirche, deren grobes Mauerwerk seit dem 11. Jahrhundert auf einem Plateau oberhalb des ehemaligen Küsterhauses verankert ist, beeindruckend zu finden. Der mehr als 800 Jahre alte eckige Wehrturm trägt einen spitzen Helm mit Wichhäuschen aus dem 16. Jahrhundert. Neben dem vor 500 Jahren auf der Südseite angefügten Altan, eine Außenkanzel, steht eine ungleichmäßig gehauene Holzbank mit Sandsteinträgern, auf die man sich fallen lassen kann, wenn einen das Ensemble mental erschlägt. Von da blickt man über das riesige Friedhofsgelände, auf dem sich sehr alte Grabsteine mit verblassten Inschriften und Kinderengeln sowie neuere Gräber verteilen.

Christenberg, 35117 Münchhausen
www.foerderkreis-christenberg.de, www.waldgasthaus-christenberg.de
ÖPNV: RB bis Bahnhof Münchhausen

Fräulein Doktors Mobiliar

 60 *Europäische Wohnkultur im Palais Papius Wetzlar*

Das einstige Adelspalais, dessen Flügel sich um einen großen Innenhof gruppieren, empfängt uns mit Grandezza. Gleißende Helle. Prächtige Stuckreliefs. Gewienerte Parkettböden. Weiße Flügeltüren mit Rocaille-Schnitzwerk. Edle Wandvertäfelungen. Und erst das Mobiliar! Wuchtige Schränke, Bänke, Sekretäre, Truhen und Tische aus Barock und Renaissance. Riesige Wandteppiche mit Gartenmotiven, Standuhren, Gemälde und Skulpturen, Fayencen, Kunsthandwerk aus Keramik, Gold, Silber, Zinn und Glas.

Der Gebäudename blieb aus der Zeit des dritten Besitzers haften, Franz von Pape, genannt Papius, ein verschuldeter Hochstapler. Errichtet wurden die äußerlich intakten Bauteile zwischen 1717 und 1805. Auch innen blieb einiges von der üppigen Ausstattung im Stil des Rokoko und des Klassizismus erhalten oder wurde denkmalgerecht wiederbelebt. Die standesbewussten Juristen des Reichskammergerichts hatten Wert auf gesellschaftliche Repräsentation gelegt. Von 1690 bis 1806 residierte das oberste Gericht des Heiligen Römischen Reiches in Wetzlar, wirtschaftlich ein Glücksfall für die verarmte Reichsstadt. Die stattlichen Häuser aus jener Zeit prägen Wetzlars Gesicht bis heute.

TIPP *Schräg gegenüber befindet sich das sehenswerte Reichskammergerichtsmuseum: Hofstatt 19. www.reichskammergericht.de*

Zu neuer Blüte erwachte das Palais Papius 1976. Damals zog die Kinderärztin Dr. Irmgard Freiin von Lemmers-Danforth (1892–1984) mit ihrer Lebenspartnerin Hildegard Pletsch ein. Das „Fräulein Doktor" hatte einen Deal mit der Stadt Wetzlar geschlossen: Freies Wohnrecht zu Lebzeiten, dafür stiftete sie ihre mit 450 Exponaten bedeutende Sammlung. Lebenslang stöberte sie fanatisch nach Stücken aus Italien, Frankreich, den Niederlanden, Flandern, der Schweiz, Tirol, Nord- und Süddeutschland. Dafür verzichtete sie auf persönlichen Luxus und Reisen, aß Kartoffeln und Marmeladenbrot und arbeitete, bis sie 83 Jahre alt war. So mancher kleine Patient hatte sich vor dem schweren Mobiliar gegruselt, mit dem die Praxis vollgestopft war. Im Palais dann geisterte die Stifterin nachts herum und streichelte verzückt ihre eigenen „Kinder".

🔴 **Palais Papius, Kornblumengasse 1, 35578 Wetzlar**
www.wetzlar.de
🔴 **ÖPNV: Bus 17, 18, Haltestelle Goldfischteich; Bus 14, Haltestelle Leitzplatz,**
Fußweg durch die Altstadt

Bilder einer Landschaft

61 In den Goßfeldener Gärten von Otto Ubbelohde

„Glücklich ist, wer in beiden Händen Blumen hält", lautet ein japanisches Sprichwort. So oder ähnlich mag der Maler und Zeichner Otto Ubbelohde gedacht haben, als er 1899 mit seiner Frau Hanna aus München in die Marburger Heimat zurückkehrte. Er suchte „nach einem Leben in freier Natur" und errichtete ein Atelierhaus in den baumlosen Lahnwiesen des Dorfes Goßfelden. Auf dem riesigen Grundstück legte das Paar einen Gemüsegarten, lange Stauden- und Rosenrabatten und einen Bienengarten mit Fliederlaube und Damaszenerrosen an, pflanzte Laubbäume, Hecken und hielt freie Wiesen.

Als das Atelierhaus 1997 restauriert wurde, erhielten auch die umgebenden Gärten ihre ursprüngliche Gestalt zurück. Dank regelmäßiger Pflege durch ein ehrenamtliches Gartenteam blühen in den Staudenrabatten nun wieder Rosen, Narzissen, Pfingstrosen, Türkenmohn, blaue Lupinen, Herbstastern, Sonnenhut, Goldruten, Rittersporn, Schafgarben, Salbei, Katzenminze, Stockrosen, Taglilien, Fingerhut, Königskerzen, Storchschnabel, Frauenmantel, Gewürztagetes, Iris und Dahlien. Eine bunte und insektenfreundliche Pracht!

TIPP *Die öffentlichen historischen Gärten bilden eine Station an der Gartenroute Eder-Lahn-Diemel.*

Otto Ubbelohde verstand sich als Landschaftsmaler, der seinen Beruf ebenso ernsthaft ausübte, wie ein Bauer seine Felder bestellt. In der Nachfolge der französischen Impressionisten betrieb er Freilandstudien, die er in formorientierte Jugendstilbilder umsetzte. Die Natur rund um sein Haus diente ihm als Modell. Eine besondere Bewandtnis hat es mit seiner Pappel-Liebe: Er pflanzte eine doppelreihige Pappelallee am Rodenbach, und er schloss sechs Pachtverträge mit den benachbarten Gemeinden. Für 140 Bäume zahlte er jährlich eine Mark pro Baum, dafür durften die Eigner sie nicht fällen, kappen, scheren oder verkaufen – bei Strafe von 25 Mark pro Baum für Verstöße. 140 Mark entsprachen 1904 ungefähr zwei durchschnittlichen Monatslöhnen. Der Maler starb 1922 mit 55 Jahren. Viele der schlanken, hohen Pappeln wiegen sich bis heute hinter dem Ubbelohde'schen Gartenhaus.

● Otto-Ubbelohde-Gärten, Otto-Ubbelohde-Weg 30, 35094 Lahntal-Goßfelden
www.otto-ubbelohde.de
● ÖPNV: RB und Bus 481 bis Bahnhof Goßfelden

Die Luther-Lücke

 62 *Am Marktplatz von Grünberg*

Was ist dort unten zu entdecken? Dunkle Brunnenschächte ziehen nicht nur Kinder magisch an, die meisten Menschen beugen sich darüber, durchaus lustschaudernd, denn Tiefe und Schwärze rühren an elementare Ängste. Zwar birgt der Schachtbrunnen am historischen Grünberger Marktplatz, über den sich die Bronzefigur neugierig lehnt, keine sichtbaren Geheimnisse – aber was könnte er alles erzählen! Der Schacht wurde 1979 bei Restaurierungsarbeiten entdeckt; er soll so alt wie die Stadt selbst sein, also vor etwa 800 Jahren gegraben, allerdings bereits vor 600 Jahren verfüllt worden.

Der Grünberger Marktplatz stellt uns vor mehr als ein Rätsel. Zum Beispiel weist ein großes Schild auf eine Sehenswürdigkeit hin, die es gar nicht gibt – eine Lücke an der Ecke zur Marktgasse. Dort stand bis Ende des 19. Jahrhunderts ein Haus. Der Reformator Martin Luther soll am 29. April 1521 auf der Rückreise vom Wormser Reichstag in dem einstigen Fachwerkgebäude übernachtet haben. Deshalb machten die schlauen Schildbürger von Grünberg aus einem Bauloch, also einem Nichts, eine Touristenattraktion.

TIPP *Grünberg auf der Rolle bietet Radlern und Inlinern einen autofreien Sonntag (15 km Rundweg).*

Noch dazu weiß man nicht, ob der kämpferische Kirchenerneuerer wirklich hier geschlafen hat. Verbrieft ist, dass er auf seiner etwa 360 Kilometer langen Wanderung durch das Bergstädtchen kam. Die Pilger- und Wanderstrecke Lutherweg 1521 führt zweimal durch den oberhessischen Luftkurort, und zwar über die Westroute, Luthers vermuteten Hinweg, und die Ostroute der angenommenen Rückkehr. Martin Luther war von Kaiser Karl V. zum Reichstag zitiert worden, er solle seine Schriften widerrufen. Da er das verweigerte, verhängte der Kaiser die Reichsacht über ihn. Luther war klar, dass er abtauchen sollte, und war gleich nach dem Verhör losmarschiert, gen Wittenberg. Um ihn zu retten, ließ sein Landesherr, der Kurfürst Friedrich von Sachsen, Luther unterwegs kurzerhand entführen und auf der Wartburg in Schutzhaft setzen. In dieser Klausur übersetzte Junker Jörg bekanntlich das Neue Testament ins Deutsche.

> **Marktgasse und Marktplatz, 35305 Grünberg**
> www.gruenberg.de, www.lutherweg1521.de
> **ÖPNV: RB bis Bahnhof Grünberg**

Barfuß kuren im Hinterland

 63 *Der Kurpark in Bad Endbach*

Das Prädikat Kneipp-Heilbad darf Bad Endbach inmitten des Naturparks Lahn-Dill-Bergland seit 2017 führen, und es befindet sich damit in der guten Gesellschaft von 30 Kurorten und Heilbädern im Bundesland Hessen. Den Titel Bad führt die Großgemeinde mit rund 8000 Einwohnern in acht Ortschaften seit 1973, ein beschauliches Fleckchen Erde im „Hinterland". Die offizielle Bezeichnung der Region stammt aus dem Zeitraum 1604 bis 1866, als die Gegend zur Landgrafschaft Hessen-Darmstadt gehörte und von Darmstadt aus nur über die alte Handelsstraße Westfalenweg bei Gießen erreichbar war. Ins enge „hintere Land" – politisch eingepfercht zwischen Preußen, Nassau und Kurhessen – wurde man strafversetzt, ansonsten hatte man dort nichts verloren.

Tatsächlich wirkt die idyllische Mittelgebirgslandschaft mit Hügelkuppen und Talsenken weltvergessen und heimelig. Entsprechend werben Kur-Touristiker mit der „Ruhe als Gegenpol zu hektischen Zeiten". Bad Endbach verfügt über eine Pole Position: Neben dem Heilbad Herbstein im Hohen Vogelsberg ist es das einzige Kur-Bad in den fünf Landkreisen Mittelhessens. Wobei das Mineral- und Moorheilbad Bad Salzschlirf am westlichen Rand des Landkreises Fulda gefühlt und auch geografisch zum Vogelsberg gehört. Aber das sind Spitzfindigkeiten.

TIPP Der Wanderweg Lahn-Dill-Bergland-Pfad verläuft in fünf Etappen von Dillenburg nach Marburg (89 km).

Zu einem Kurort gehört ein ordentlicher Kurpark mit gepflegten Spazierwegen, Kurhaus, Konzertmuschel und gesundheitsbezogenen Attraktionen, in diesem Fall ein 550 Meter langer Barfußpfad, Kneipp'sche Tretanlagen und ein Kräutergarten. Die mit fünf Sternen versehene Lahn-Dill-Bergland-Therme trägt erheblich zur Entspannung und zum Wasservergnügen der Rehabilitationsgäste bei, die sich in zwei Kliniken und mehreren Kurhotels erholen. Der Kurpark ist Ausgangspunkt für die sechs Touren des Nordic-Walking-Parcours, der sich auf 30 Kilometern erstreckt. Seit einiger Zeit bewirbt Bad Endbach verstärkt den Wandertourismus in diesem waldreichen hessischen Naturpark, denn die Zahl kurender Gäste sinkt.

🔵 **Kurpark am Kur- und Bürgerhaus, Am Kurpark, 35080 Bad Endbach**
www.bad-endbach.de, www.lahn-dill-bergland.de
🔵 **ÖPNV: Von Marburg Bus 383, Haltestelle Bad Endbach Sportzentrum**

Juwel am Elisabethpfad

64 *Die Hufeisenkirche in Lohra-Altenvers*

Gertrud, die jüngste Tochter von Elisabeth von Thüringen kam erst Wochen nach dem Tod ihres Vaters, Landgraf Ludwig IV. von Thüringen, zur Welt. 1229 brachte Elisabeth das zweijährige Mädchen von Marburg aus ins Prämonstratenserinnen-Kloster Altenberg an der Lahn bei Wetzlar. Sie soll ihre Tochter noch mehrfach in dem Stift besucht haben, bevor sie selbst 1231 an einer Infektion und Erschöpfung infolge geistiger und körperlicher Selbstaufopferung starb.

Der Weg von Marburg nach Altenberg ist Teil des ersten von drei Pilgerpfaden, die den Wegen der Heiligen Elisabeth folgen. Er führt von Frankfurt durch den Taunus und das Lahn-Dill-Bergland nach Marburg und macht dabei einen Schlenker durch Altenvers. Dort steht eine sehr alte kleine Kirche mitten im Dorf, etwas erhöht in einem Garten mit mächtigen Bäumen und wehrhafter Mauer, in der die Heilige Elisabeth einige Male gerastet und gebetet haben soll. Es hat aber noch eine zweite Bewandtnis damit: Die niedrige Apsis, die den im Kern romanischen Saalbau abschließt, ist hufeisenförmig, und diese Bauform gibt es in Deutschland kein zweites Mal. Der Grundriss der Altenverser Hufeisenkirche stammt aus dem 9. Jahrhundert und damit aus karolingischer Zeit. Innen wurde das Gebäude über die Jahrhunderte mehrfach umgestaltet, bei einer neueren Innensanierung fand man Bemalungen des 13. und des 17. Jahrhunderts. Und doch sollte dieses historisch wertvolle Kirchlein 1978 abgerissen werden, was engagierte Bürger verhindern konnten. Heute kümmert sich der Verein für Geschichte und Volkskunde Lohra darum, wirbt Gelder ein, renoviert, veranstaltet Konzerte.

Und was wurde aus Gertrud? Sie wuchs in Kloster Altenberg auf und wurde mit 21 Jahren Äbtissin des unabhängigen adligen Stiftes. Fast fünfzig Jahre lang leitete sie den Konvent, stiftete ihm ihr beachtliches Erbe, baute eine Kirche und ein Siechenhaus, kümmerte sich um Kranke, Alte und Arme. Papst Clemens VI. von Avignon soll sie seliggesprochen haben, was allerdings nicht belegt ist.

TIPP *Im Lohraer Ortsteil Kirchvers gibt es ein beliebtes Waldschwimmbad mit Liegewiese.*

◉ Hufeisenkirche, Lönsweg 2, 35102 Lohra-Altenvers
www.lohra.de, www.elisabethpfad.de
◉ ÖPNV RB bis Bahnhof Niederwalgern, dann Bus 34, Haltestelle Altenvers Gutenbergstraße

Lifte & Loipen für Läufer

65 *Wintersport an Hoherodskopf und Taufstein*

Der Schnee knirscht und rauscht leise unter der regelmäßigen Laufbewegung der Nordic-Skier. Sonnenstrahlen winden sich ungehindert durch die kahlen Äste der Buchen, erwärmen das Gesicht der Läuferin, die bis auf die Sonnenbrille einzig nackt gebliebene Körperzone. Blauer Himmel, um null Grad, die Skier frisch gewachst, die Loipe gut gespurt, der Schnee nicht harschig, nicht zu weich, nicht löchrig – ein Traumtag im Hohen Vogelsberg, ideal, um auf den Spuren des Taufsteins ein paar Runden zu drehen. Leider sind auch im raueren Klima am erloschenen Vulkan die Winter nicht mehr das, was sie einmal waren – nimmt man die „kleine Eiszeit" der 1950er-/1960er-Jahre als Maßstab. Schneesicher sind die Skigebiete des Oberwaldes am Hoherodskopf, an der Herchenhainer Höhe und am Taufstein heutzutage nicht mehr, aber immerhin schneit es hier und in der benachbarten Rhön früher und häufiger als im restlichen Hessenland.

Auf eins kann man sich verlassen: Der Vogelsberg ist perfekt vorbereitet auf eine Invasion von alpinen und nordischen Skiläufern, Skatern, Spaziergängern, Schneeschuhläufern, Rodlern – und Hungrigen. Webcams verschaffen einen aktuellen Blick auf Pisten und Landschaft. Eine Skischule bietet Kurse am Hoherodskopf an. Drei Lifte transportieren die Sportler in die Höhen: am Breungeshainer Hang (1200 Meter lang) mit Alpinverleih an der Talstation, an der Rennwiese (400 Meter) und an der Herchenhainer Höhe (600 Meter). Dieser Skischlepplift wird seit wenigen Jahren vom Skiclub Herchenhain betrieben, eine gelungene Initiative zur Rettung des Wintersports von Grebenhain.

TIPP *Auch in Grebenhain-Bermutshain gibt es einen Ski-Verleih. www.ski-luft.com*

Fans des nordischen Sports finden anderthalb Kilometer entfernt ihr Eldorado auf einem ausgedehnten Loipennetz. Die Mitarbeiter des Ski-Langlauf-Zentrums Taufsteinhütte verleihen und verkaufen Skier, Stöcke, Holz- und Bobschlitten, Rutschteller und Schneeschuhe. Sie wachsen mitgebrachte Bretter, beraten ihre Träger und veranstalten Kurse. Und an gastronomischen Angeboten mangelt es auch nicht.

● **Skigebiet Hoherodskopf, 63679 Schotten**
www.skilifte-hoherodskopf.de, www.ski-taufstein.de
● **ÖPNV: Anruf-Linien-Taxi ALT 60, Haltestelle Hoherodskopf**

Glücklich im Gartenhäuschen

 66 *Das Hohhaus-Museum in Lauterbach*

Ländliche Idyllen kennt die europäische Malerei seit der Antike. In neuerer Zeit übernahm das Bürgertum manch adlige Angewohnheit – baute sich beispielsweise ein Gartenhaus und bemalte Decken und Wände mit Glücksmotiven. Im Lauterbacher Hohhaus-Museum – ein entzückendes Barockschlösschen der 1770er-Jahre – kann man in einer solchen historischen Kunst-Laube sitzen und sich vom Alltag erholen.

Wo verabreden sich Gretchen und Faust? In einem Gartenhäuschen. Goethes eigenes Gartenhaus an der Ilm in Weimar ist fast so berühmt wie seine Lyrik: „Übermütig sieht's nicht aus, Hohes Dach und nieders Haus …", so dichtete er. Auch seine Romanfiguren zieht es öfters in Gärten, Wilhelm Meister etwa „hatte das Lusthaus in dem Garten, bei dem er die Nacht zugebracht, liebgewonnen". Lusthäuser gehörten zur Parkkultur adliger Familien. Etwa um 1800 fing das zu Wohlstand gekommene höhere Bürgertum an, sich in ähnlicher Weise zu verlustieren wie die Aristokratie. Ein eigenes Gartenhaus war da der letzte Schrei, ein hübsches Prestigeobjekt, mit dem man sich ein Stück gesellschaftliche Kultur eroberte. Auch in Kleinstädten wie Lauterbach im Vogelsberg, heute in den ländlichen Raum fernab der Metropolen verbannt, einst Residenz im Reichsritterschafts-Staat der Freiherren Riedesel zu Eisenbach. Damals und später als Teil des Großherzogtums Hessen, wollten Handelspatrizier und Stadtbeamte ihren Erfolgsstatus herzeigen. Repräsentative Bürgerhäuser entstanden in Lauterbach. An die Stelle abgerissener Stadtmauern und Tore rückten großzügige Gartenanlagen. 63 Gartenhäuser soll es um 1850 gegeben haben, berichtet der Lauterbacher Stadtarchivar Professor Dr. Karl August Helfenbein – in Anbetracht von etwa 3500 Einwohnern eine stattliche Zahl.

Ein solches Gartenhaus des 19. Jahrhunderts war kein Geräteschuppen mit Terrasse und Sonnenschirm. Häufig baute man zweigeschossig, richtete eine Küche ein und verbrachte ganze Wochenenden in der Luxus-datsche.

TIPP Das Puppenhaus oder Teehaus im Lauterbacher Stadtpark war einst ein bürgerliches Gartenhaus.

Hohhaus-Museum, Eisenbacher Tor 1, 36341 Lauterbach
www.hohhaus.de
ÖPNV: RB bis Bahnhof Lauterbach Nord

Die Liebe und ihre Schwestern

 67 *Fünf Tugenden am Firmaneiplatz in Marburg*

In der Mittagssonne lagern Studierende auf den Treppenstufen zu ihren Füßen. Ein Cityflaneur schlendert herbei und betrachtet sie schweigend. Bepackte Marktbesucherinnen lehnen ihre schweren Einkaufskörbe an ihre Sockel, verschnaufen kurz, bevor sie den Heimweg antreten. Touristenpaare beginnen zu diskutieren: Wer ist wer? Tatsächlich sind die überlebensgroßen Damen, die über den hinteren Firmaneiplatz wachen, gar nicht so leicht zu identifizieren. Wobei die Liebe (Foto) in ihrer körperlichen Üppigkeit die meisten Fans hat. Diese mütterliche Tugendfigur beschützt ihre steinernen Kinder und strahlt dabei etwas Beruhigendes, Tröstliches, Sinnliches aus. So manche alteingesessenen Marburger besuchen „ihre" 300 Jahre alten Frauenfiguren regelmäßig; ob sie sich von ihnen in wichtigen Lebensfragen beraten lassen, ist nicht bekannt, wäre aber nicht verwunderlich.

Die Skulpturengruppe auf Postamenten hinter der Elisabethkirche stellen die drei theologischen Tugenden Glaube, Liebe, Hoffnung sowie die griechischen Kardinaltugenden Gerechtigkeit und Mäßigkeit dar. Auf Weisheit und Tapferkeit hatte der Auftraggeber verzichtet.

TIPP Mittwochs und samstags gibt es auf dem Firmaneiplatz und in der Frankfurter Straße Wochenmärkte.

Kardinal Damian Hugo von Schönborn, Landkomtur des Deutschordens, beauftragte 1718 den Marburger Bildhauer Johann Friedrich Sommer, ihm fünf weibliche Statuen anzufertigen. Bis 1754 schmückten die Damen Schönborns Barockgarten, den heutigen Alten Botanischen Garten hinter der Universitätsbibliothek. Anschließend wechselten sie mehrfach den Standort und den Besitzer, bis sie als Mitgift in die Familie von Knoblauch zu Hatzbach gerieten, deren Garten sie 150 Jahre lang schmückten. Die Knoblauch-Nachkommen gaben unter hoher emotionaler Anteilnahme der Bevölkerung die Originale inzwischen Marburg sorgfältig restauriert als Dauerleihgabe zurück. Ihr repräsentativer Standort am nördlichen Rand des nach einer massiven Umgestaltung der City neu geschaffenen Campus Firmanei könnte nicht besser gewählt sein.

○ Fünf Tugenden und Mineralogisches Museum der Philipps-Universität, Firmaneiplatz, 35032 Marburg, www.uni-marburg.de
○ ÖPNV: Diverse Busse, Haltstelle Elisabethkirche

Wald, Wild & Wolf

68 *Wanderparadies in Biedenkopf-Katzenbach*

Einsamkeit pur. Dem Himmel nah. Blick über sattgrüne Wiesen. Selbst manche Bewohner der Lahndörfer im Tal zwischen Biedenkopf und Marburg kennen das versteckte 30-Seelen-Dorf Katzenbach nicht, das nur über die Serpentinen einer Stichstraße von Kombach aus erreichbar ist. Ein weißer Hirsch, der auf rotem Wappenhintergrund über einen goldenen Schildfuß mit blauem Wellenbalken schreitet, repräsentiert den kleinsten Ortsteil von Biedenkopf. Der Hirsch erinnert an das barocke Jagdschloss, das die Landgrafen von Hessen-Darmstadt 1661 auf den Resten des 1456 erstmals erwähnten Hofguts Katzenbach bauten. Wer möchte in solcher Naturidylle kein Ferienhaus besitzen! Ein Oberförster hütete Wald, Wild und Schlösschen für die Jagdsaison, in der die Herrschaft in ihrem weit von Darmstadt entfernten „Hinterland" ausgelassene Feste feierte.

Heute ist Katzenbach *das* Wanderparadies des Biedenkopfer Staatsforstes. Der große Landgasthof Der Katzenbacher bietet allen Müden und Hungrigen Einkehr – und ist ein Geheimtipp für sonntägliche Familienausflüge. Katzenbach liegt am überregionalen Lahn-Wanderweg von der Quelle im Rothaargebirge bis zur Mündung in den Rhein bei Lahnstein. Das charakteristische schräg gestellte rote LW auf Wegmarkierungen weist darauf hin. Der LW führt von Katzenbach nach Buchenau hinab, wo noch viele Fachwerkhäuser mit traditionellem Kratzputzdekor versehen sind. Auf halber Strecke hat die Grenzganggesellschaft Hornberg ein großes Schild an einen Baumstamm genagelt: Wolfsgeschirr. An dieser Stelle soll 1747 der letzte Wolf der Region erlegt worden sein; sein „Geschirr", nämlich seine Innereien, überließ der Schütze den Waldtieren. Seit einiger Zeit streifen wieder Wölfe durch die hessischen Wälder, auch im Hinterland wurden Tiere gesichtet.

In nördlicher Richtung schließt man von Katzenbach aus an den Wanderweg Hatzfeld-Grünberg, der zum Biedenkopfer Hausberg Sackpfeife führt. Südlich verlaufen kürzere Wanderwege nach Kombach.

TIPP Grenzgangfeste jedes siebte Jahr in Biedenkopf, Buchenau, Wollmar, Münchhausen, Wetter und Goßfelden.

◐ Wanderparadies mit Landgasthof Der Katzenbacher, Ortsstraße 12, 35216 Biedenkopf-Katzenbach
www.der-katzenbacher.de
◐ ÖPNV: RB bis Bahnhof Biedenkopf oder Buchenau

Barock für Protestanten

 69 *Die Fachwerkkirche in Feldatal-Ermenrod*

Radelt oder fährt man durch die hügelige Landschaft des Vogelsbergs, sieht man sie immer wieder: kleine Fachwerkkirchen aus der Barockzeit, oft liebevoll restauriert. Es sind melancholische Schmuckstücke, Zierden für Dörfer, in denen die Sonntagsglocken noch läuten, der Strom der Kirchgänger jedoch außer an Weihnachten zum dünnen Rinnsal verkümmerte. Die 1735 und 1776 erbaute Martin Luther Pfarrkirche im 300-Seelen-Dorf Ermenrod zählt zu den schönsten der denkmalgeschützten Fachwerkkirchen in Hessen. In ihrem ungewöhnlich hohen Haubendachreiter hängen zwei Glocken, die freundlich in den Tönen Fis und Dis läuten. Die geschnitzte Barockkanzel von 1708 (noch aus der Vorgängerkirche) ist im Original erhalten, auch die 13 Ölgemälde an den Brüstungen der Emporen stammen aus dieser Zeit.

Hessen ist *das* Land der protestantischen Fachwerkkirchen, nirgendwo in Deutschland trifft man sie so gehäuft an wie hier, vor allem im Vogelsberg und im Hinterland zwischen Marburg und Biedenkopf. Das hat historische Gründe. Landgraf Philipp I. der Großmütige, der Hessen 49 Jahre lang regierte, hatte als sehr junger Mann Martin Luther kennengelernt. Er entwickelte sich zum politischen Pionier der Reformation und führte sie 1526 verbindlich in Hessen ein, darin unterstützt von den Riedesel'schen Freiherren zu Eisenbach im Vogelsberg. Fortan durften Gemeinden, deren Gläubige sonntags weit zum Gottesdienst pilgern mussten, eigene Kapellen und Dorfkirchen errichten – sofern sie sie selbst finanzierten. Der Vogelsberg mit seinen steinigen Böden war eine arme Gegend, aber waldreich, und man verfügte über erfahrene Zimmerleute. Fachwerk lautete die Sparlösung, der Mittelhessen eine einmalige kirchliche Kulturlandschaft verdankt.

Unsere Vorstellung eines typischen Barockgebäudes mit Kuppeln, üppigen Formen und reichem Dekor ist nicht vereinbar mit der Bescheidenheit der hessischen Fachwerkkirchen, die zwischen 1510 und 1866 entstanden. Gerade ihre schlichte Schönheit macht aber ihren Charme aus.

TIPP Die Gemeinde Feldatal hat drei weitere Fachwerkkirchen: in Kestrich, Stumpertenrod und Zeilbach.

◉ **Evangelische Kirche, Alsfelder Straße 2, 36325 Feldatal-Ermenrod**
www.alsfeld-evangelisch.de

 144

Vom Lazarett zur Kartonage

 Die historische Reithalle in Sickendorf

„Fernab vom großstädtischen Getriebe", wie ein Chronist vor hundert Jahren schrieb, liegt das Paradies des Vielseitigkeitsreitens. Aus den entlegensten Ecken des Landes strömen Freunde des Reitsports nach Sickendorf, wenn hier – wie schon öfter geschehen – die Meisterschaften der Goldenen Schärpe mit Hunderten Ponys und Großpferden stattfinden. Auch in ruhigeren Zeiten und bei fast jedem Wetter begegnen einem auf den Wegen und Pfaden rund um den drittkleinsten Lauterbacher Stadtteil Reiterinnen und Reiter, die ihren Lieblingen den nötigen Auslauf gönnen. Es gibt einen Reitplatz, eine Langwiese für Turniere, Weiden, Paddocks, Stallungen mit 15 Boxen – und ein hessisches Kulturdenkmal mit einer ungewöhnlichen Geschichte.

Die um 1904 vom Baron Albrecht Riedesel, Freiherr zu Eisenbach, errichtete Reithalle gehört zum Ensemble der mit historistischen Formen und Merkmalen des Jugendstils gestalteten Schlossanlage (in Privatbesitz). Zu Beginn des Ersten Weltkriegs ließ der Baron die Reithalle in ein Lazarett umfunktionieren, in der 634 verwundete Soldaten gepflegt und von Gutserzeugnissen ernährt wurden. Man veranstaltete Spielabende, Preiskegeln, Konzerte und Ausflüge für Genesende gegen das Gespenst Langeweile. Ab dem dritten Kriegswinter wurde die Versorgung knapp; nun hielt Baronin Gertrud Kaninchen im Schlosspark, stiftete Wolle und bediente gemeinsam mit den Lazarettschwestern Spinnräder aus Großmutters Zeiten. Man feierte bis zuletzt Kaisers Geburtstag, und am Samstagabend gab es für die Feldgrauen gelegentlich Bier.

In den 1920er-Jahren brachte Freiherr Max Willich genannt Pöllnitz, der zweite Mann der Baronin, den Sickendorfer Pferdesport zu voller Blüte. Nach 1945 durfte ein Offenbacher Kartonagefabrikant seine geretteten Maschinen in der Reithalle aufbauen und diese als provisorische Produktionsstätte nutzen. Richard Stabernack sollte der größte Arbeitgeber der Region werden. Im Pferdestall standen zu dieser Zeit Beutetiere der Wehrmacht und Sportpferde aus Ostdeutschland.

TIPP Im Sommer finden im Schlosspark an sieben Sonntagen Antikmärkte statt. schlosssickendorf.de

Reithalle Sickendorf, Parkweg 1, 36341 Lauterbach-Sickendorf
www.ruf-lauterbach.de
ÖPNV: RB bis Bahnhof Lauterbach Nord, dann Bus VB-24, Haltestelle Frischbörner Straße

Rothaargebirge & Rhein

71 *Auf dem Lahntalradweg*

Der Lahntalradweg zählt zu den beliebtesten Routen in Deutschland. Auf 246 Kilometern folgt er dem Flusslauf durch drei Bundesländer von der Quelle im Rothaargebirge bis zur Mündung in den Rhein bei Lahnstein, mal auf die linke, mal auf die rechte Seite wechselnd. Beliebt ist die Tour wegen ihres landschaftlichen und touristischen Reichtums, ihrer sich abwechselnden Schwierigkeitsgrade und der zahlreichen Einkehr- und Herbergsmöglichkeiten. Außerdem lässt sich die überwiegend asphaltierte oder gut präparierte Strecke auch für Familien mit Kindern oder für weniger leistungsorientierte Pedalisten in beliebig viele Etappen aufteilen. Urlaubern, die es gemütlich angehen lassen möchten, seien fünf bis sechs Etappen empfohlen. Alle paar Kilometer gibt es eine Bahnstation, von der aus Tagesausflüge starten können oder von der aus man die müden Knochen und das Zweirad an den Ausgangspunkt zurückbringen kann. Wer in Lahnstein noch Energie hat, kann weiter bis Koblenz durchstrampeln.

Die Tour startet an der sickernden Lahnquelle, von dort genießt man

TIPP Das kleinHotel Biedenkopf bietet Radfahrern naturnahe Design-Apartments. www.klein-hotel.de

gleich zu Anfang die steilste und längste Abfahrt. Sie führt durch den Wald hinab nach Bad Laasphe und Biedenkopf, dann durch Wiesenlandschaft, streift die Universitätsstädte Marburg und Gießen, geht weiter durch die Lahnauen in die Industriestadt Wetzlar und nähert sich dem alten Residenzstädtchen Weilburg. Die romantische Mittellahn, nämlich der Abschnitt Weilburg–Limburg, vorbei an der Burgenstadt Runkel, öffnet Herz und Sinne: Wege ohne nahe Verkehrsgeräusche, dafür sieht man Burgen, Brücken, Dörfer, Schleusen, alte Wehre, Staustufen, kleine Stromschnellen, und es sind viele Paddler unterwegs. Bei Balduinstein stresst der höchste Anstieg – eine vermeidbare Bergtour, indem man bis Laurenburg die Bahn nimmt. Die letzte Etappe führt durch enge Täler mit bewaldeten Hängen, ein altes Bergbaugebiet mit Weinbergen und „Lahnwein".

○ Lahntalradweg, www.daslahntal.de

Märchenhafte Spaziergänge

 72 *Im Park von Schloss Rauischholzhausen*

Man wähnt sich in einem dunklen Wald und sieht vor lauter Bäumen nichts, doch plötzlich taucht aus dem Dickicht eine Wiese auf, in deren Mitte eine Statue steht. Zwei Bäche plätschern durch die Landschaft und bilden mehrere Teiche. Wir spazieren durch einen 30 Hektar großen englischen Park, den der Königliche Gartenbaudirektor Heinrich Siesmayer 1873 entwarf. Darin ruht das wuchtige Gründerzeitschloss Rauischholzhausen. Der Burggarten gehört zu den wertvollsten Parkanlagen in Hessen. Er zeichnet sich durch weite Wiesenflächen, Gruppen von nicht heimischen Gehölzen, etwa 300 Baumarten und Artenreichtum aus.

Siesmayer, auch Schöpfer des Frankfurter Palmengartens, war mit einer historisierenden Gestaltung beauftragt worden, einem typischen Stilmix der Zeit. Die Parkfläche dehnte sich zu diesem Zeitpunkt bis zu 100 Hektar weit, eine enorme Größe. Ursprünglich bevölkerte ihn eine Skulpturensammlung antiker und barocker Figuren, von denen allerdings nur fünf die Zeiten überlebt haben. Der saarländische Bauherr Ferdinand von Stumm war Diplomat und Offizier, der von seiner Familie Anteile an Eisenhütten geerbt hatte, einer der reichsten Männer Preußens. Er plante einen repräsentativen Landsitz als Ausdruck seiner gesellschaftlichen Stellung und erwarb dafür nicht nur die Besitzungen der Herren Rau von Holzhausen, die hier fünf Jahrhunderte residiert hatten, sondern auch angrenzende Wiesen- und Waldstücke. Da der Name Holzhausen öfter vorkommt, war daraus das „Rauische Holzhausen" geworden.

T|PP Frische Produkte gibt es im Laden des Biolandhofes Duske um die Ecke. www.biolandhof-duske.de

Der Schlosskomplex im Stil der Neorenaissance, teils mit Fachwerkaufsätzen, besteht aus mehreren Flügeln und Nebenbauten, einem rechteckigen Turm mit runden Ecktürmchen und zahlreichen geschickt kombinierten Details aus vergangenen Stilrichtungen. Die Universität Gießen vermietet das Schloss und das Café für Tagungen und Familienfeiern, es gibt 46 Zimmer. Im Café findet einmal monatlich sonntags von 15 bis 17.30 Uhr ein öffentlicher afternoon tea statt.

⊙ Schloss Rauischholzhausen, Schlosspark 1, 35085 Ebsdorfergrund-Rauischholzhausen
www.faber-management.de, www.ebsdorfergrund.de/touristik
⊙ ÖPNV: RB bis Bahnhof Marburg Süd, dann Bus 81, Haltestelle Potsdamer Straße

Bahn-Nostalgie im Eisenland

 73 *Das Salzböde-Viadukt in Bad Endbach*

Das Kneipp-Heilbad Endbach besitzt keinen Bahnhof, Kurgäste müssen die letzte Reiseetappe per Bus oder Taxi zurücklegen. Umso überraschter mögen sie sein, in und um Endbach herum gleich drei Viadukte zu entdecken. Inzwischen dienen die imposanten Brücken des Jahres 1899 in Endbach, Hartenrod und Wommelshausen nur noch als Schmuckstücke des Gladenbacher Berglands zwischen Westerwald und Rothaargebirge und erinnern an eine Phase wirtschaftlicher Blüte. Kleinen und großen Eisenbahnfans erscheinen die funktionslos herumstehenden Kolosse sensationell. Und die Endbacher betrachten ihre Mammutdenkmäler als selbstverständliche Elemente des Stadtbildes.

Die neunbogige Konstruktion aus Sandstein und Diabas am Endbacher Ortseingang ist mit 165 Metern Länge und 15 Metern Höhe das größte der drei Viadukte. Es überspannt das Salzbödetal auf der einstigen Nebenstrecke Herborn–Gladenbach–Niederwalgern, mit der die Aar-Salzböde-Bahn bis zu ihrer Stilllegung im Jahr 2001 eine Verkehrslücke zwischen der Dillstrecke und der Main-Weser-Bahn schloss. Auch der 700 Meter lange Tunnel Hartenrod-Eisemroth ruht schon lange im Winterschlaf.

TIPP Das Solmser Grubenbahnmuseum Fortuna zeigt 57 Lokomotiven und 100 Wagen der Schmalspurbreite 600 mm.

Die Glückssträhne der Eisenbahngeschichte im Lahn-Dill-Bergland hielt nicht lange an. Zieht man eine imaginäre Linie zwischen den Bahnhöfen Biedenkopf, Marburg, Gießen, Wetzlar und Dillenburg, so erscheint eine große vieleckige Leerfläche, in der es keine einzige Bahnstation (mehr) gibt. Der gesamte öffentliche Nahverkehr wurde auf die Straße verlegt. Dass überhaupt ein Jahrhundert lang Züge in der ländlichen Region fuhren, verdankt das „Hessische Eisenland" seinen Bodenschätzen. Im 19. Jahrhundert zählte das an Roteisenstein, Kupfer- und Nickelerzen reiche Gebiet an Dill und Oberer Lahn vor allem dank der modernen Transportmöglichkeiten mit der Eisenbahn zu den bedeutendsten Eisenerzerzeugern und Verarbeitungsbetrieben im Deutschen Reich. Damit war es Mitte des 20. Jahrhunderts vorbei.

● Eisenbahn-Viadukt Bad Endbach Hütte, Am Wildbach 2, 35080 Bad Endbach
● ÖPNV Von Marburg Bus 383, Haltestelle Bad Endbach Krebsmühle

Die „Schwober Franzosen"

 74 *Die Winterseite in Rauschenberg-Schwabendorf*

Was Heimatgefühle sind, versteht man bei einem Spaziergang durch Schwabendorf. Dessen Häuser wirken seltsam vertraut, selbst wenn man noch nie dort war, und doch ganz anders als in anderen mittelhessischen Dörfern, so ordentlich und zugleich heimelig. Hier gibt es keine krummen Gassen. Schnurgerade, in rechten Winkeln strukturiert, verlaufen die Straßen, gesäumt von geschmackvoll herausgeputzten Hofgebäuden. Eins der hübschesten Gebäude ist das Dorfmuseum Daniel-Martin-Haus auf der Winterseite. Es gibt auch eine Sommerseite, sie verläuft parallel zur Winterseite, mit der sie nur durch eine schmale Durchfahrt verbunden ist. Diese Straßennamen gaben ihnen die Ureinwohner von Schwabendorf, französische Glaubensflüchtlinge.

Im Jahr 1685 verbot der französische Sonnenkönig Ludwig XIV. im Edikt von Fontainebleau die protestantische Religionsausübung in Frankreich, damit war der Höhepunkt der Hugenottenverfolgung erreicht. Von den 170.000 Glaubensflüchtlingen, die daraufhin illegal das Land in Richtung Niederlande, Deutschland, England, Schweiz, USA, Kanada und sogar Südafrika verließen, landeten knapp 4000 in Kassel und gründeten kleine Kolonien im nördlichen Hessen. 116 Südfranzosen wurden Rauschenberg zugeteilt.

TIPP Schwabendorf liegt an der Wanderstrecke Hugenotten- und Waldenserpfad.

Man wies ihnen das Baugebiet Auf der Schwabe zu, daher der Name Schwabendorf. Landgraf Carl von Hessen-Kassel stiftete den Siedlern 1000 Eichstämme zum Bau stabiler Häuser als Ersatz für ihre provisorischen Hütten aus Stangen und Stroh.

Die ersten Jahrzehnte in der neuen Heimat waren von harter landwirtschaftlicher Arbeit geprägt, über Generationen galten die Einwanderer in der Gegend nur als „die armen Schwober Franzosen". Dank ihrer handwerklichen Fähigkeiten profilierten sich die Kolonisten mit Strumpf-, Tuch- und Hutmanufakturen, machten Schwabendorf um 1750 zum Zentrum der oberhessischen Strumpfmacherei. Die Figur des Heiligen Georg (Gerhard Marcks) vor der täglich geöffneten Hugenotten-Gedächtniskirche erinnert an den Glaubenskampf der Vorfahren.

Winterseite, 35282 Rauschenberg-Schwabendorf
www.ak-schwabendorf.de, www.rauschenberg.de

Olympisches Baden

75 Das Waldschwimmbad in Dautphetal-Holzhausen

Holzhausen am Hünstein wird von einer halbkreisförmigen waldreichen Bergkette umschlossen. Das Dorf liegt versteckt in einer Talsenke des „Hinterlandes", einer hügeligen Landschaft zwischen Marburg und Biedenkopf, und sein Waldschwimmbad ist ein Geheimtipp für Wasserratten. Auf der weitläufigen Liegewiese, dem Nichtschwimmer- und dem Planschbecken, am Beachvolleyballfeld und nicht zuletzt am Kiosk des 80 Jahre alten Waldschwimmbades genießen viele Schulkinder jeden Sonnentag ihrer Sommerferien. Der eigentliche Glücksort aber ist das Sportbecken mit olympischen Maßen: 50 mal 25 Meter. Es entschädigt so manch enttäuschten Marburger Schwimmer für den Abriss des geliebten Sommerbads am Trojedamm. Denn das Sportbecken des Marburger Badetempels mit dem klingenden Namen Aquamar ist nur 25 Meter lang. Passionierte Schwimmer brauchen mehr Arm- und Beinfreiheit, um sich richtig auszutoben, und nehmen dafür gern eine Anfahrt von 24 Kilometern in Kauf. Wer sich einmal in Holzhausen in das blaue Nass gestürzt hat, kommt immer wieder.

TIPP Am Schlossberg von Holzhausen gibt es ein Skigelände. Vom Hünsteinturm hat man eine tolle Aussicht.

Die Geschichte dieser Badeanstalt reicht mehr als achtzig Jahre zurück. „Ein ganzes Dorf schwimmt", meldete die Lokalzeitung im Juli 1935. Und weiter: „Vom Bürgermeister bis zum Hütejungen nahm ein jeder Hacke und Schippe in die Hand" – eine freiwillige Arbeitsdienstmaßnahme. Holzhausen schuf sich auf diese Weise aus dem alten Feuerlöschteich ein beliebtes Schwimmbad, das von Juni bis Ende August 20.000 Menschen aufsuchen. Heute heizt eine moderne Solaranlage die Wasserflächen nach kühleren Tagen auf bis zu 27 Grad.

Das Bad wird mittlerweile allein von einem Förderverein geführt, dem etwa 2000 Mitglieder angehören – eine erstaunliche Zahl, denn Holzhausen hat nur etwa 1600 Einwohner. Viele ehrenamtliche Arbeitseinsätze sind vor Saisonbeginn nötig, um die Anlage für den Besucheransturm vorzubereiten. Den ordnungsgemäßen Betrieb mit Badeaufsicht, Kiosk- und Ticketverkauf stellen ebenfalls ehrenamtliche Vereinsteams sicher.

○ Waldschwimmbad Holzhausen am Hünstein, Stegerstraße 44, 35232 Dautphetal-Holzhausen
www.waldschwimmbad-holzhausen.de
○ ÖPNV: Von Gladenbach Bus MR 40, Haltestelle Holzhausen Talstraße

Von Müllern & Reitern

 76 *Unterwegs im Schlitzerland*

Manchmal begegnen uns lustige Namen, die im Alltag so selbstverständlich benutzt werden, dass niemand mehr darüber schmunzelt. Der Herbsteiner Ortsteil Schlechtenwegen ist ein solcher Fall, oder Birstein-Bösgesäß, ebenfalls im Vogelsberg. Dass der mit 47 Einwohnern kleinste Schlitzer Ortsteil Ober-Wegfurth im „Untergrund" liegt, können wohl auch die Einwohner von Unter-Wegfurth erklären – beide verdanken ihren Namen einer Furt durch die Fulda, was bereits im Jahr 852 in einer Urkunde des fuldischen Abts Hatto belegt ist.

Ober-Wegfurth ist einer von 16 attraktiven Filialorten des malerischen Burgenstädtchens Schlitz, in dessen Gassen und Fachwerkkulisse schon so mancher Märchenfilm gedreht wurde. Auf dem Ober-Wegfurther Friedhof kann man elf barocke und klassizistische Grabsteine besichtigen, einige davon mit Reiterreliefs verziert. Die Reitersteine wurden der Historie nach für ausziehende Soldaten zu deren Lebzeiten gehauen und von ihnen zum Aufsitzen auf das Pferd benutzt. Beschriftet wurden die Steine nach dem Tod des Besitzers. In Bernshausen befindet sich die größte Roggenmühle Hessens. Die seit 450 Jahren betriebene Hehrmühle ist ein moderner Familienbetrieb mit hohem Qualitätsstandard, in dem man sich auch heute noch zum Müller und zur Müllerin ausbilden lassen kann. Fraurombach an der östlichen Vogelsberggrenze zum Landkreis Fulda punktet gleich mit zwei Sehenswürdigkeiten: den vor hundert Jahren in der Kirche freigelegten Wandmalereien aus dem 14. Jahrhundert und den zwölf Räumen des Dorfmuseums Buisch Ahl Huss mit Zeugnissen bäuerlicher Wohnkultur, ländlichen Arbeitsgeräten und einstigem Hausrat. In der Nähe des Schlitzer Ortsteils Queck fand man Hügelgräber aus der Bronzezeit. Zu Queck gehört auch das Hofgut Sassen, zu Unter-Schwarz die Siedlung Richthof, beides Wohn- und Arbeitsorte einer Lebensgemeinschaft mit Familienhäusern und Werkstätten für derzeit rund 370 Menschen mit und ohne Hilfebedarf.

TIPP Der Sassener Dorfkrug mit Café, Biolädchen und Sortiment aus den Werkstätten ist werktags geöffnet.

Schlitzerland, www.schlitz.de, www.hehrmuehle.de, www.dorfmuseum-fraurombach.de, www.lebensgemeinschaft.de

Duft nach frischem Brot

 77 *Das Backhaus in Angelburg-Gönnern*

Dieser gewölbte, gedrungene Steinbau auf einem quadratischen Grundriss mit hohem Zeltdach steht wie vergessen mitten in Gönnern im Lahn-Dill-Bergland. Das auf 1712 datierte Gebäude hat in der näheren Umgebung noch zwei Geschwister: ganz ähnliche Bauten in Niedereisenhausen und Steinperf, Ortsteile der Gemeinde Steffenberg. Nicht viele alte Backhäuser in den Dörfern Hessens haben den wirtschaftlichen Aufschwung der Nachkriegszeit mit Bauboom und Bäckerei am Ort überlebt, sie wurden abgerissen, umfunktioniert oder dienen als denkmalgeschütztes Dekor. Eine Backhaus-Rundreise – von Dorf zu Dorf – verspricht anrührende Stunden, in denen unserer Sinnesfantasie ein köstlicher Duft nach frischem Brot in die Nase weht, je mehr bauliche Lösungen man entdeckt. Gelegentlich trifft man alte Leute, die erzählen, wie es früher zuging.

Dorfbackhäuser sollten die Frauen dazu bewegen, nicht zu Hause im eigenen Ofen zu backen. Zu groß war die Feuergefahr in strohgedeckten Höfen. Nach anfänglicher Skepsis entwickelten sich die Backhäuser zu beliebten Treffpunkten im Dorfalltag, wo man schwätzte und tratschte, während das Brot im Ofen buk.

TIPP *Im Backhaus von Alsfeld-Eifa ist jeden zweiten Donnerstag Backtag mit Holzofenbrot und Salzekuchen.*

Wer anheizen musste, wurde mit Holzklötzchen ausgelost. Am Vorabend des Backtages setzte man den Teig daheim mithilfe eines aufbewahrten Sauerteigrestes mit Mehl und Wasser an, säuerte ihn und ließ ihn im Backtrog einige Stunden aufgehen. Körperlich anstrengend war anschließend das Kneten, zum Schluss wurde der Teig auf riesigen Backbrettern in Form gebracht. Auf dem Kopf trugen die Frauen ihn ins Backhaus, wo der Ofen inzwischen große Hitze ausstrahlte. Die Glut kehrten sie mit einem Kratzer heraus und fegten den Ofenboden mit feuchten Besen sauber. Dann kamen die Brote für eine gute Stunde in die heiße Röhre. So ein „Geback" konnte die Familie einige Wochen ernähren, wobei frisches Brot – vor allem mit leckerer Wurst und Schinken aus Selbstschlachtung – sicher besser schmeckte als Altbackenes.

○ Backhaus Gönnern, Ecke Hauptstraße/Gasse, 35719 Angelburg-Gönnern
www.angelburg.de

Vogelwatching, Büffelgucken

 78 *An den Martinsweihern in Weimar-Niederwalgern*

Wasserbüffel sind friedfertige, sanftmütige Tiere, die während der Eiszeit noch in Mitteleuropa lebten, wie Knochenfunde beweisen. Im feuchten Gelände zwischen den drei Martinsweihern zwischen Niederwalgern und Roth stapfen die schwarz-braunen Rinder herum, ihre Felle mit großen grauen Schlammflecken bedeckt. Meist trotten zwei bis vier Büffeldamen mit ihren vorjährigen Kälbern weidend durch das Feuchtgebiet, oft werden dort auch Kälbchen geboren. Der Biologe Professor Dr. Martin Kraft, der häufig Gruppen in das Gebiet führt, kann einiges über die gehörnten Tiere erzählen: „Sie schubbern ihre Hörner an Büschen und Bäumen, verzehren selbst schwer zu verdauende Sauergräser, entlauben frische Büsche, brechen durch das Unterholz, durchstreifen Schilfzonen und suhlen sich in den Flachwasserzonen wie Wildschweine. Bei großer Hitze liegen sie wiederkäuend im Wasser und schauen nur noch mit dem Kopf heraus."

Vor allem aber schaffen Wasserbüffel einen idealen Lebensraum für Vögel: Ihr Kot und ihre massigen Körper locken Insekten an, von denen sich wiederum Vögeln ernähren. In den von den Büffeln geschaffenen Schlickflächen erscheinen Kormorane, Gänse, Enten, Limikolen, Silberreiher, Rohrdommeln, Störche, Wacholderdrosseln, Amseln, Stare, Wiesen- und Bergpieper, Bach- und Schafstelzen. Bei Amöneburg-Roßdorf wurden im Gebiet Das Arlle sogar Ackerflächen mit Wasserbüffeln in ökologisch wertvolle Rast- und Brutplätze verwandelt. Die Martinsweiher bei Niederwalgern sind ein Kerngebiet des EU-Vogelschutzgebietes *Lahntal zwischen Marburg und Gießen – Natura 2000,* das heimischen Vögeln als Rückzugsort dient. Hier brüten seltene Vogelarten wie Flussregenpfeifer und Uferschwalben, und im Frühjahr und Herbst rasten Watvögel auf der Durchreise. Ornithologen zählten von den beiden Beobachtungshütten aus etwa 420 Vogelarten an den Martinsweihern, darunter einige Erstnachweise in Hessen: Weißschwanzkiebitz, Terekwasserläufer, Buschspötter und Kaukasuszilpzalp.

TIPP Nahe Hofläden: Jungs Campinghühner in Fronhausen-Bellnhausen, Biolandhof Caspersch in Lohra-Damm.

○ Martinsweiher, Beobachtungshütten an der Kreisstraße 59, 500 Meter hinter dem Ortsausgang Richtung Weimar-Roth, 35096 Weimar-Niederwalgern
○ ÖPNV: RB bis Bahnhof Niederwalgern

Trauer & Tanz im Genrebild

 Das Marburger Kunstmuseum

Hühner picken im zertretenen Schnee, eng drücken sich Kinder, Frauen und Dorfleute in eine Hofecke, im Zentrum des Bildes wartet die Bahre auf den Kindersarg, den man sogleich die Steintreppe hinabtragen wird. Ludwig Knaus malte das *Hessische Leichenbegängnis im Winter* im Jahr 1871, eines der wichtigsten Genrebilder in der Malerei dieser Zeit. Es hängt im Marburger Museum für Kunst und Kulturgeschichte, das die Kunstsammlung der Philipps-Universität beherbergt. Knaus gehörte zum Kreis der Willingshäuser Malerkolonie, einer der ältesten Künstlergemeinschaften in Europa. Der Spruch „Ein Bild sagt mehr als tausend Worte" könnte für die Motive dieser Maler erdacht worden sein. Keine Heimatgeschichte wäre in der Lage, das einstige ländliche Leben in der nordhessischen Schwalm so treffend darzustellen, wie es diese Maler mit ihren visuell detailreichen Erzählungen vermochten. Jedes Gemälde trifft die Betrachter in Herz und Hirn und erfüllt sie mit der Gewissheit, durch einen Türspalt ins Licht einer untergegangenen – wenn auch nicht idealen – Zeit geblickt zu haben, über deren Alltag wir nicht viel wissen.

TIPP **In dem 150 Meter entfernten Glasgebäude zeigt der Marburger Kunstverein aktuelle Gegenwartskunst.**

Außer Ludwig Knaus logierten Ludwig Emil Grimm (Bruder der Märchen-Brüder Grimm), Wilhelm Thielmann, Adolf Lins, Heinrich Giebel und Carl Bantzer im Willingshauser Dorfgasthaus, um nur einige zu nennen. Sie zeichneten und malten Bauern, Handwerker, Frauen und Kinder in alltäglichen Situationen. Carl Bantzer prägte die Blütezeit der Kolonie zwischen 1890 und 1914. Seine berühmtesten Gemälde *Schwälmer Tanz* und *Abendmahl in einer hessischen Dorfkirche* hingen auf Weltausstellungen in Paris (1900) und St. Louis (1904). Beide sind heute im Besitz des Marburger Kunstmuseums, zu dessen Bestand auch eine große Altertümer-Sammlung gehört.

Die nach umfangreicher Sanierung neu eröffnete vierflügelige Anlage aus rotem Sandstein mit neoklassizistischer Fassade, ein bedeutender Kulturbau der Zwanzigerjahre, präsentiert sich barrierefrei zugänglich mit großzügigen Sälen und Kabinetten.

Museum für Kunst und Kulturgeschichte, Biegenstraße 11, 35037 Marburg
www.uni-marburg.de/museum
ÖPNV: Diverse Busse, Haltestelle Erwin-Piscator-Haus

Traum einer Ritterburg

 Blick auf Schloss Braunfels

Die märchenhafte Silhouette des Braunfelser Schlosses mit Zinnen und Türmen erhebt sich auf einem Basaltkegel über einem bewaldeten Seitental der Lahn. Nur aus der Höhenschwebe lässt sich die Anlage mit Toren, Höfen, Türmen, Altanen, Gauben, Flügeln, Bergfried und Nebengebäuden in ihrer Gesamtheit erfassen. Halbringförmig fügt sich die vorburgähnliche Altstadt des Luftkurortes mit ihren Gassen und Fachwerkhäusern um den Schlossberg.

Die um 1246 erstmals erwähnte Trutzburg der Solmser Seitenlinie Solms-Burgsolms-Braunfels wurde im 15. Jahrhundert ausgebaut und 1679 bei einem Großbrand teilweise zerstört. Jede der inzwischen 21 Generationen hinterließ ihre Handschrift an dem Bauwerk. Während des 17. Jahrhunderts, in dem halb Europa in Flammen stand, wurde die Siedlung Braunfels fünfmal erobert, die Burg belagert – durch spanisches, schwedisches, kaiserliches Militär, Truppen aus Weimar und Nassau-Dillenburg.

Seine heutige romantische Anmutung mit einem gewaltigen Bergfried, für den es keinen mittelalterlichen Vorläufer gab, ist Teil eines simulierten „Wiederaufbaus" im 19. Jahrhundert, einer Phase modischer Burgenromantik. Georg Fürst zu Solms-Braunfels wollte als Folge der Mediatisierung von 1806 Selbstbewusstsein demonstrieren. Es entstand ein Schloss im historisierenden Stilmix, das von nun an bis heute gern als Hessisches Neuschwanstein tituliert wird. Bayern-König Ludwig II. hatte in dieser Zeit sein Schloss im Stile einer prächtig ausgestatteten mittelalterlichen Ritterburg errichten lassen. Bis heute pilgern Tausende Touristen jährlich dorthin – auch darin ähnelt Braunfels dem Kini-Schloss, wenn auch in bescheideneren Dimensionen. Die jetzigen Schlossbesitzer Graf und Gräfin von Oppersdorf haben keine Ambitionen, weitere Türme hinzuzufügen. Sie bemühen sich, mithilfe von Führungen, Fürstlichem Familienmuseum, Hochzeiten, Kindergeburtstagen, Café und Shop das Geschaffene zu erhalten und zu pflegen. Und das genügt ja vollauf.

TIPP Im Schloss steht eine Kopie des berühmten Altars von Kloster Altenberg (Original im Städel-Museum Frankfurt).

Schloss Braunfels, 35619 Braunfels
www.schloss-braunfels.de
ÖPNV: Von Wetzlar Bus 185, von Leun Bus 180, Haltestelle Busbahnhof Braunfels

Bibliografische Informationen der Deutschen Nationalbibliothek
Die Deutsche Nationalbibliothek verzeichnet diese Publikation in der Deutschen Nationalbibliografie;
detaillierte bibliografische Daten sind im Internet über http://dnb.d-nb.de abrufbar.

© 2020 Droste Verlag GmbH, Düsseldorf
Konzeption/Satz: Droste Verlag, Düsseldorf
Einbandgestaltung und Illustrationen: Britta Rungwerth, Düsseldorf unter Verwendung von Bildern von
© Fotolia.com: jd – photodesign.de; © iStock: Plociennik Robert
Fotos: Andrea Reidt, außer:
S. 11: Carina Jirsch/Medienkontor Fulda; S. 23: Markus Farnung/Philipps-Universität Marburg; S. 31: Justus-Liebig-
Universität Gießen/Katrina Friese; S. 33: Herbert H. G. Wolf, Städtische Museen Wetzlar/Gemälde: Ferdinand Raab
nach Wilhelm von Kaulbach; S. 55, 103: Peter Hering www.voegel-auf-foehr.de; S. 71: Hartmut Krämer, Lahnau-Atz-
bach; S. 87: Gemälde: Ernst Eimer/mit freundlicher Genehmigung des Freundeskreises Ernst-Eimer-Stube Groß-Eichen;
S. 105: Bistum Limburg; S. 115: Horst Fenchel/Philipps-Universität Marburg; S. 127: Axel Schneider, Frankfurt am
Main/Städtische Museen Wetzlar; S. 139: Bruno Stöppler/Hohhaus-Museum; S. 165: Gemälde: Ludwig Knaus/
Fotografie: Bildarchiv Foto Marburg; S. 167: euroluftbild/Gerhard Launer
Druck und Bindung: Gutenberg Beuys Feindruckerei GmbH, Langenhagen
ISBN 978-3-7700-2164-2

www.drosteverlag.de